U0814971

“十二五”职业教育国家规划立项教材

财政部规划中等职业学校财经商贸类教材

证券投资分析

彭明强　主编

中国财经出版传媒集团
中国财政经济出版社

图书在版编目（CIP）数据

证券投资分析／彭明强主编．—北京：中国财政经济出版社，2017.3
“十二五”职业教育国家规划立项教材　财政部规划中等职业学校财经商贸类教材
ISBN 978-7-5095-6415-8

Ⅰ.①证…　Ⅱ.①彭…　Ⅲ.①证券投资-投资分析-中等专业学校-教材　Ⅳ.①F830.91

中国版本图书馆 CIP 数据核字（2015）第 237340 号

责任编辑：马立祥　　　　责任校对：黄亚青
封面设计：汪俊宇　　　　版式设计：董生平

中国财政经济出版社 出版
URL：http：//www.cfeph.cn
E-mail：cfeph@cfeph.cn

社址：北京市海淀区阜成路甲 28 号　邮政编码：100142
营销中心电话：88190406　北京财经书店电话：64033436　84041336
北京富生印刷厂印刷　各地新华书店经销
787×1092 毫米　16 开　11.25 印张　268 000 字
2017 年 4 月第 1 版　2017 年 4 月北京第 1 次印刷
定价：27.00 元
ISBN 978-7-5095-6415-8/F·5167
（图书出现印装问题，本社负责调换）
本社质量投诉电话：010-88190744
打击盗版举报热线：010-88190492、QQ：634579818

编写说明

本教材是“十二五”职业教育国家规划立项教材、财政部规划中等职业学校财经商贸类教材。

“证券投资分析”是中等职业学校财经类各专业的一门专业基础课程，是学生认知证券投资，掌握证券投资基础知识、基本理论、基本方法和基本技能的基础学科，同时，也是综合财经类各门学科的知识进行证券投资的一门运用学科。随着我国证券市场的迅速发展，对于中等职业学校财经类专业的学生而言，证券投资知识和技能既是未来岗位职业能力的需要，更是将来作为一个普通投资者个人应该具备的。因此，针对中等职业学校财经类专业的学生开发一套知识理论简明扼要、方法技能便于掌握运用的基础教材就显得越来越重要。

《证券投资分析》根据教育部教材建设规划（计划）的总体要求，依据《中等职业学校金融事务专业教学标准（试行）》和中职国家规划教材编写质量要求精神设计、组织教材结构和编写内容。在教材编写中突出以下编写原则和特色：

一、针对性与基础性相结合

教材的使用对象定位于中等职业学校学生以及初入证券市场的投资者，教材在编写中力求做到浅显易懂，理论认知点到为止，以够用为度，适合中等职业学校学生的接受能力，符合学生的认知结构。侧重对学生进行证券投资分析基础知识、基本理论、基本方法和基本技能的培养。教材强调“基础知识＋基本分析技能培养”的主题，依据证券投资操作流程设计教材体系，安排教材内容，学生在真实环境下，实时模拟证券投资者的身份，学习强化证券投资分析基础知识以及培养证券投资分析基本技能。

二、创新性与实用性相结合

力求打破传统教材学科体系的构建模式，按照“项目导向，任务驱动，先会后懂，理实一体”教学理念构建教材结构。突出实践与教学相结合的教学模式，将教材内容与证券投资的基本分析能力相结合，与学过的多门学科知识相衔接，建立以培养学生证券投资分析基本素质和能力为目标，以证券投资分析实务为导向，以证券投资分析任务和过程为核心，以学生为主体，以真实证券市场行情为载体，以模拟投资实训为手段的内容体系，力争编写成教、学、做一体化的项目实训教材。

三、理论性与实践性相结合

改变以往证券投资教材过于注重对基础理论知识学习的状况，既讲基本的证券投资分析理论，更多地是把理论与现实结合起来，通过真实行情下的模拟投资，提高学生对证券投资分析的认识能力、分析能力、决策能力，从而达到降低风险和提高收益的目的。突出实践能力的培养是教材编写的核心基调，从而增强学生对未来工作和个人投资的适应性。

教材的基本内容有：在介绍证券投资分析基础知识、基本理论、基本方法和基本技能的前提下，以证券投资分析实务为主线（主要以最基本、最主要的证券投资品种股票为例），以网上操作指引为特点，以投资分析能力训练为目的，对证券投资价值分析、证券投资基本分析、证券投资技术分析、证券投资实盘操作、证券投资的方法与技巧等实务内容及操作要领进行了基本介绍。

全书分六大项目、二十四个任务。每个任务下按照分栏式的思路进行编写，设置“任务导入”、“知识准备”、“知识拓展”、“知识问答”、“经典案例”、“资料传真”、“投资箴言”、“网络链接”、“任务讨论”等栏目，从而有助于学生理解教学内容，提高学生学习兴趣，提高学生学习效果。

教材从中等职业学校教育培养目标和现代财经人员知识结构出发，结合今后发展的需要，还为教学设计了一定的弹性空间，教师可以根据实际情况进行选择。在教学过程中，可以参考以下学时分配安排教学进度，总课时为72学时。

项目	项目一	项目二	项目三	项目四	项目五	项目六	总学时
理论学时	4	4	8	6	6	6	34
上机操作	4	4	8	6	8	8	38

本书由彭明强担任主编，李智勇担任副主编。参加教材编写的人员有：中原证券股份有限公司李智勇（项目一、项目五）、郑州财税金融职业学院马春晓（项目二及教材电子课件制作）、郑州财税金融职业学院彭明强（项目三、项目四）、云南财经职业学院李中京（项目六）。彭明强对全书进行了设计与统稿。

本书为用书学校任课老师提供了课后练习的答案和电子课件，如有需要，请登录中国财经教育网（http://cjjc.cfeph.cn 或 www.zgcjjy.com）下载。

在本书编写过程中，借鉴了有关教材、专著和资料的内容，得到了中国财政经济出版社的大力指导和支持，在此我们表示诚挚的感谢。由于我们水平所限，书中难免有不足之处，恳请广大师生和读者批评指正。

编　者

2017年1月

目 录

项目一

1 探秘证券投资价值分析

知识目标

☐ 掌握证券投资价值分析的基本概念；理解收益与风险的关系

能力目标

☐ 知晓股票投资、基金、可转换债券及权证投资收益的计算方法，学会债券收益计算方法

任务一
认识证券投资的基本方法

任务导入

日常生活中，人们说话、做事应“有的放矢”。在投资中，“的”是绝对收益，“矢”是投入的资金，“放”是投资获利的能力，投资能力的形成和提高，依赖于证券投资分析基本方法的学习、理解和掌握，首先让我们从学习证券投资的基本方法开始吧！

知识准备

证券投资活动的最高境界是“知行合一”。“知”就是了解、掌握和运用投资分析的知识、方法，对相关信息进行加工处理，得出客观的分析结论，据此我们对证券市场运行进行

判断、预测；“行”就是实际的投资；“合一”就是看多做多、看空做空。简单地说，就是“逻辑对了，结果也错不到哪去”。

投资更像是实践性特别强的一门艺术活动。在证券投资分析的学习中，我们更应抱着开放的心态去学习。每一种方法、理论，每一种形态，甚至是每一个技术指标，都有它的可取之处，当初都是投资者曾用之获利不菲的法宝，但这些方法也有局限性。因此，研究一种投资分析方法，其适应性、局限性都应引起我们足够的重视。

投资箴言

> 投资者的基本问题，或者说最大的敌人，很可能就是他自己。
>
> ——本杰明·格雷厄姆

一、证券投资分析

证券投资，是指投资者购买股票、债券、基金等有价证券以及这些有价证券的衍生品，以获取红利、利息及资本利得的投资行为和投资过程，是直接投资的重要形式。

证券投资分析，是指通过各种专业分析，对证券价值和价格的各种有关影响因素进行综合分析，以判断证券价值、价格及其变动方向、幅度的行为，是证券投资过程中不可或缺的重要环节，是证券投资决策的基础。

资料传真

证券投资本为收获金钱而来，结果收到的是不同的情绪。股价变化影响情绪，情绪干扰判断，判断影响操作。股价运行至什么阶段？通过情绪也可以判断市场处于什么阶段。

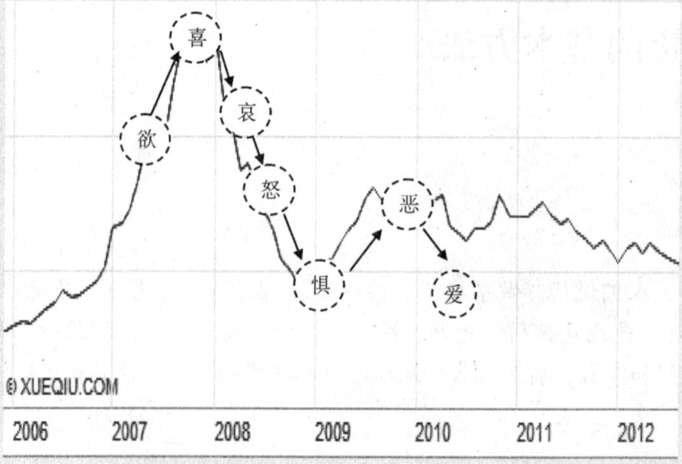

投资情绪变化图

二、证券投资理念

投资理念，是指投资者对证券投资所抱的基本态度和观念，是投资者在证券投资活动中体现出来的人生观、价值观。即投资者基于对证券市场“规律”的了解和主观认识，对一项具体的证券投资进行风险和收益的概率评判，决定是否一搏。投资者要逐步建立和完善适宜自己性格、心理条件及风险管理的投资理念。投资理念要随市场环境变化而变换，必须适应市场的环境。在投资理念上的工作，机构投资者要比个人投资者做得成熟。

证券市场主要有三种投资理念：价值培养型投资理念、价值发现型投资理念、价值挖掘型投资理念。

1. 价值培养型投资理念，这是一种投资风险共担型的投资理念。持有该理念的投资者有两种：一种是战略投资者，另一种是参与公司的增发、配股及可转债融资的其他投资者。这类投资者与其说是在投资股票，不如说是在投资企业，他们看重的是企业的内在价值和潜在的市场价值。

2. 价值发现型投资理念，这是一种风险相对分散的市场投资理念。持有该理念的投资者研发能力较强，他们擅长于对市场和证券基本面进行研究，一旦发现当前的证券市场价值被严重低估，证券的内在价值与市场价值存在差距，则会抓住投资机会。

3. 价值挖掘型投资理念，这是一种风险相对转移的市场投资理念。持有该理念的投资者一般为资金实力较强，且有内幕消息者。他们对内在价值较低的股票，通过资本运作或大量控制流通盘的方法，实现价值发现。

随着我国证券市场制度建设和监管的日益完善，以价值发现型投资理念、价值培养型投资理念为主的理性价值投资将逐步成为主流投资理念。

知识问答

小明提问：投资与投机有什么区别呢？

回答：两者最重要区别是行为动机的不同，以赚取差价为目的买卖行为视为投机，以取得本金收益（利息、分红）为目的的行为视为投资。介于两者之间，当投资证券与初始投资有较大差价，也可获利了结，也有称作投资性投机。投资与投机都是市场的重要组成部分，不存在褒贬，投机为市场提供不可或缺的流动性、定价。

三、证券投资分析常用方法

在适应市场变化的投资理念指导下，选择恰当的证券投资分析方法是进行证券投资的重要环节。常见的证券投资分析方法有两种，即：基本分析法和技术分析法。

（一）基本分析法

基本分析，是指根据主要的现代金融理论，以包括现值计算、统计学等数学方法为主要分析手段，对影响证券的基本因素进行分析，评估股票的内在价值，判断股票的合理价位，并提出相应的投资建议。影响证券的基本因素包括宏观经济的运行态势、行业的发展态势、产品市场状况、公司销售和财务状况及国家经济政策等。

（二）技术分析法

技术分析，是指对证券市场中市场行为的时、空、价、量所做的分析，应用数学、逻辑的方法从市场的过去行为入手，归纳总结一些典型“规律”，来预测未来市场的变化。技术分析是以价格判断为基础，以选择正确的投资时机为目标，发展到图形化、指标化、模型化、智能化的决策方式。

作为两种主要的股票投资分析方法，基本分析法和技术分析法各有其特点，也各有其侧重点：

- 基本分析法立足于未来，利用对经济发展的预测分析股票价格的变动趋势；技术分析法着眼于过去，用历史数据和变化规律预测股票价格的走势。
- 基本分析法主要解决投资对象问题，技术分析法主要解决投资时机问题。
- 基本分析法着重分析股市的长期变动趋势，技术分析法主要分析股市的短期波动。
- 基本分析法能够比较全面地把握股票价格的基本走势，但对短期的市场变动不敏感；技术分析法比较贴近市场，对市场短期变化反应快，但对于政策因素难有预见性。

所以，投资者要根据实际情况，在把握中长期的价格趋势时采取基本分析法，而在短期买入、卖出时可以选择技术分析法，将两者结合起来“灵活”使用。

知识问答

小明提问：证券投资市场上，有没有一种包打天下的证券投资分析方法呢？

回答：没有。市场上，证券的价格、交易量在变；上市公司的经营状况在变，经营的环境在变，影响市场的因素太多且都在变化，市场的不确定性是最大的确定性。某一种方法只能是一时一地一阶段，解决投资市场的认识问题，一旦使用的人多了，这种方法就会很快失效，马上就需要寻求另一种有效的分析方法。

知识拓展

有效市场假说

市场信息是进行股票投资分析的基础，包括历史信息、公开信息、内部信息。来自不同渠道的信息最终都将通过各种方式对股票的价格发生作用，从而影响股票投资收益。因此信息的多寡、信息质量的高低将直接影响股票投资分析的效果，影响投资分析的最终结论。

“有效市场假说”是由美国芝加哥大学尤金·法玛于1970年提出的一种有关证券市场投资的方法论。他认为：只要证券市场价格及时反映了全部有价值的信息，且市场价格代表着证券的真实价值，这样的市场就称为“有效市场”。市场达到有效的重要前提有两个，一是投资者必须具有对信息进行加工、分析，并据此正确判断证券价格变动的能力；二是所有影响证券价格的信息都是自由流动的。市场有效性体现在证券价格充分反映全部可获得的信息的效率。据此，有效市场假说将股票市场分为：弱式有效市场、半强有效市场、强式有效市场。

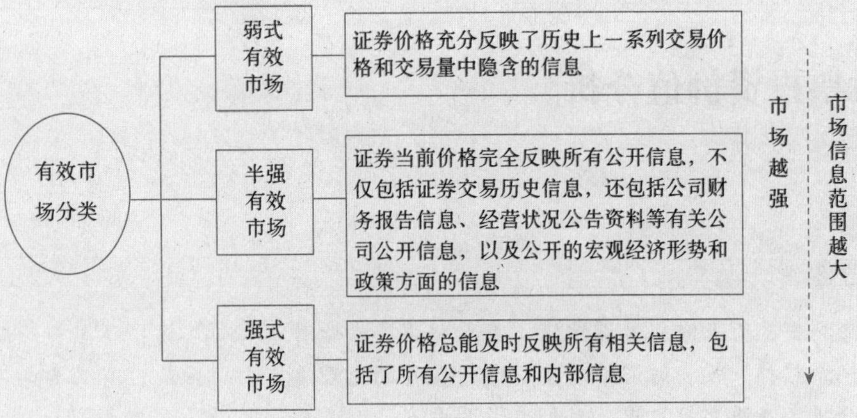

投资者如果对有效市场假设理论有了必要的了解认识，会有助于采用较为适宜的分析方法，具体讲：如果市场没有达到弱式有效市场，可用技术分析方法获利；如果达到弱式有效市场，技术分析无效可用基本分析方法获利；半强有效市场，基本分析、技术分析均无效，挖掘内部信息是获利的有效途径，这种行为又是法律打击的重点；强式有效市场只能进行被动化的指数投资。按照有效市场假说的观点，在有效率的资本市场上，投资者只能获得与其承担的风险匹配的那部分正常收益，而不会高出风险补偿的超额收益。“有效市场”既体现了公平原则，又提高了资源配置效率，有利于证券市场的长期稳健发展。

我国证券市场处于弱式有效市场与半强有效市场之间，内幕交易可以获得超额收益；美国则处于半强有效市场与强式有效市场之间，由于美国证监会打击措施严厉，较少有内幕交易。

投资箴言

判断一个模型有效性的基础不应是它所依赖的假设，而是它的预测准确性。

——米尔顿·弗里德曼

网络链接

上网查找中国证券市场国债期货“3·27 事件”及其影响。

任务讨论

讨论基本面分析法和技术分析法的主要优缺点有哪些，并举例说明。

任务二
了解股票投资价值分析

任务导入

股海搏击，有人赚得盆满钵满，有人赔得鼻青脸肿。有句俗语：稀里糊涂赚的，也会稀里糊涂赔掉。投资结果很重要，懂得盈亏的道理更重要。因此，有必要学习股票投资价值分析。在股票投资中，我们要做明白人。

知识准备

股票投资分析是进行股票投资的重要步骤，是指人们通过各种专业性分析方法对影响股票价值和价格的各种信息进行综合分析以判断股票价值或价格及其变动的行为。其目的在于选择最好的投资对象，抓住有利的投资机会，获取高额的投资收益。

一、影响股票投资价值的因素

股票投资分析的实质是赋予股票一个估值的过程。估值是一个相对复杂的过程，影响的因素很多，全球没有统一的标准，但这些因素主要集中在内、外两个方面，见图 1－1。

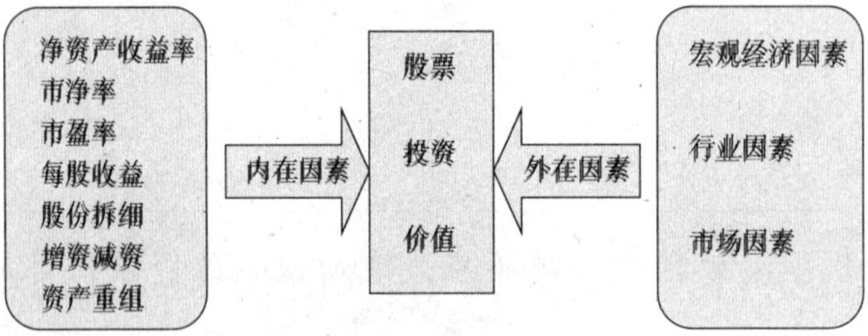

图 1－1 影响股票投资价值的因素

（一）影响股票投资价值的内部因素

对股票投资价值影响的内部因素中企业的每股收益、市盈率、市净率、净资产收益率，这几个指标与股价一般存在正相关，即指标增长，股价上涨；而企业的股份分割、增资减资以及资产重组等也会影响到股价的波动。

1. 每股收益（EPS），指的是税后利润与股本总数的比率。

2. 市盈率（PE），指的是股票的时价和上年每股收益的比率，即以上年每股收益回收现有股价投资的年数。市盈率是一个动态指标，投资者通常利用该指标估算某股票的投资价值，或者用该指标在不同公司股票之间进行比较。

3. 市净率（P/B），指的是现时股价与每股净资产的比率。一般来说，市净率较低的股票，投资价值较高；相反，则投资价值较低。

4. 净资产收益率（ROE），指的是净利润与平均股东权益的百分比，是公司税后利润除以净资产得到的百分比率，该指标反映自有资本的效率。

5. 股份拆细，是将原有股份均等地拆成若干较小的股份。股份拆细一般在年度决算月份进行，通常会刺激股价上升。

6. 增资和减资，指的是公司因业务发展需要增加资本额而发行新股的行为。对那些业绩优良、财务结构健全、具有发展潜力的公司而言，增资意味着将增加公司的经营实力，会给股东带来更多回报，股价可能会上涨。当公司减资时，多半是因为经营不善、亏损严重，需要重新整顿，所以股价会大幅下跌。

7. 公司资产重组，是指企业所有者与其他组织或个人进行的对设在企业资产上的权利进行重新配置的过程。公司重组总会引起公司价值的巨大变动，因而其股价也随之产生剧烈波动。

（二）影响股票投资价值的外部因素

1. 宏观经济因素。宏观经济走向及其相关政策是影响股票投资价值的重要因素。宏观经济走向包括经济周期、通货变动以及国际经济形式等因素；国家货币政策、财政政策、收入分配政策和对股票市场的监管政策都会对股票的投资价值产生影响。

资料传真

股市剧烈波动与政府救市

2015 年注定是中国证券发展史上不同寻常的一年。上半年，中国股市继续延续着 2014 年下半年的“疯牛”势头，在不到一年的时间里，上证综指从 2014 年 7 月的 2033 点，上涨到 2015 年 6 月 12 日的 5178 点，累计上涨了 154%。然而随着股市的过快过大上涨，泡沫就必然出现，随之而来的回落和调整从理论上来说也就不可避免。然而随着杠杆融资在助涨后加速助跌，中国股市继快涨以后又出现了快速回落甚至恐慌性下跌的局面，从 6 月 19 日到 9 月 15 日的 3 个月里，A 股共发生了 17 次惨烈跌停潮，跌停潮当日少则 755 只个股跌停，多的高达 2179 只个股跌停，3 个月蒸发市值 30 万亿，A 股流通股股东户均亏损 23.91 万元。此外，部分金融产品触及止损线被强制平仓，现货、期货市场交互下跌，市场流动性风险和金融系统性风险凸显。

面对这种局面，政府各有关方面统一行动、协同配合，掀起了百日护盘行动，以证金公司为代表的“国家队”担负起了维稳重任，自 7 月初的强势入场，在不到一百天的时间里先后发起了限制股指期货的打击做空战、上市公司回购战、清理场外配资战等攻坚战役，从而有效地维护了股市稳定，避免了可能发生的系统性风险。

（资料来源：凤凰财经。）

2. 行业因素。产业的发展状况和趋势对于该产业上市公司的影响是巨大的，因而产业的发展状况和趋势、国家的产业政策和相关产业的发展等都会对该产业上市公司的价值产生影响。

3. 市场因素。市场的供求、市场投资者的构成、市场总体价格波动、交易制度和工具、市场心理因素等都会影响到股价。其中，投资者对股票走势的心理预期会对股票价格走势产生影响，市场中的散户投资者往往有从众心理，对股市产生助涨助跌的作用。

资料传真

读书笔记之李驰《中国式价值投资》

李驰先生在《中国式价值投资》一书中所阐述的投资理念，总结起来，就是：好股好价，集中下注，周期持有，接力推进。其中，“好股好价，集中下注”主要讲买入；“周期持有”主要讲卖出；“接力推进”则主要是讲基本的操盘策略。

一、好股

与优秀公司为伍。

巴菲特曾说：“与伟大的公司为伍。”彼得林奇则说：“不买第二名的股票。”作为价值投资人，首要一条是选择好公司，远离垃圾股。

只有创造价值的优秀公司，才值得重仓投资。持续的经营能力，是优秀企业最重要的标志；出色的团队，是重要表现；良好的公司治理结构，是重要指针。

二、好价

估值是决定因素。选股要选好公司，但不是所有优秀企业都值得投资。

所有东西都必须以价值为基础进行判断。当好公司遭受重大利空或者连续利空打击，股价出现超跌，甚至暴跌至久违的低估值区间时，才是最佳的买入时机。

三、集中下注

集中投资下重注。支持组合投资的论者常说，不要将所有的鸡蛋放在一个篮子里。可是，哪有去赶集卖鸡蛋的人，会将鸡蛋放在不同篮子里？组合投资只能平滑投资者的收益波动曲线，钝化他们对风险的感觉，并不能像宣称的那样能减少投资风险，增加收益。要想赚大钱，必须在单一品种上下重注。这才是跑赢指数的唯一方法。

寻找被低估的股票，然后集中投资，重注买下去等收成。以李驰那样的资金规模，一度也只持有招行和万科两只股，而以自己如此的小量资金，实在是没有必要做什么组合、分散投资。

当然，前提是一定要选择好股，选定能让自己安心睡觉的优秀公司。

四、周期持有

低买高卖是投资的永恒真理。运用价值投资的估值方法找到买入点的同时，我们也要随时为自己准备一条退路。假如面对更好的投资机会，股票的基本面变差，又或者股价已严重被高估，我们又何必固执地死守原地？

熊市中播种，牛市中收获。

买入心仪股票后唯一要做的事，就是安心睡觉。

在股市这个看似无序的市场里，不管短期如何受人们的情绪影响、如何随机漫步，但只要市场的平均市盈率离开中轴线太远的话，它就一定会在未来一段时间往中轴线去靠。这就是市场的永恒运行规律，也是市场自身的发展规律。科斯托兰尼：买入时要浪漫，卖出时要现实，在两者之间要睡觉。

“知止”是牛市里最应该牢记的古训，尤其是牛市末期过分热闹的时候，市场风险更是非常大。

EXIT！随时预备着。从买进股票的第一天起，就一直等着高价卖出的时机到来。

五、接力推进

适时启动推进器。

剪断的绳子接起来，一定短过原来的绳子。但同时，也只有三级以上的推进器，才能将卫星送往脱离地球引力的太空轨道上。买中一家长青的优秀企业并持有一辈子，其股价最终升个几千倍的机会，真可能小于中六合彩。分别买中不同的、正处于某一个辉煌阶段的优秀企业，总体盈利的概率则要高得多。

适时启动下一节火箭。

找到一个正确的模式。然后，不断重复它。让复利真正地发挥威力。接力推进，就目前之思维，有两种模式：一种是单个股票之间的周期接力，另一种是多个股票之间的循环接力。

（资料来源：明日当空的博客。）

二、股票内在价值的计算方法

（一）资产和股票的定价原理——现金流贴现模型

现金流是未来时期的预期值，因此必须按照一定的贴现率返还成现值。对于股票来说，这种预期的现金流即在未来时期预期支付的股利，见（1－1）式：

$$V=\sum_{t=1}^{n}\frac{D_t}{(1+K)^t}=\frac{D_1}{(1+K)}+\frac{D_2}{(1+K)^2}+\cdots+\frac{D_n}{(1+K)^n} \qquad \text{公式（1－1）}$$

式中，V 为股票在期初的内在价值，D_t 为 t 时期末以现金表示的每股股息（税后），K 为限定风险程度下现金流贴现率（必要贴现率），n 为投资周期（年）。

经典案例

假设以2011年末为现时点，每年末股价为8.71元/股，贴现率为3.24%，以每年收益替代支付股利，2011—2013年度收益实际数作为预估值，据此估算浦发银行（600000）2011年后各年度末每股内在价值（仅作公式演练用）。浦发银行各年的内在价值估算见表1-1。

表1-1　2011—2016年的浦发银行内在价值估算表

年度末	2011	2012	2013	2014（估）	2015（估）	2016（估）
每年收益（元/股）	1.4628	1.8327	2.1938	2.5282	2.8825	3.2936
$(1+3.24\%)^n$		1.03240	1.06585	1.10038	1.13604	1.17284
$\frac{每年收益}{(1+3.24\%)^n}$（元/股）		1.775184	2.058264	2.2975631	2.537332	2.808218
$\frac{9.71}{(1+3.24\%)^n}$（元/股）	8.71	8.436652	8.171883	7.9154237	7.667013	7.426397
$\Sigma\frac{每年收益}{(1+3.24\%)^n}+\frac{8.71}{(1+3.24\%)^n}$	8.71	10.21184	12.00533	14.046435	16.33536	18.90296

上市公司内在价值要根据估计收益和贴现率的变化进行适时调整。上市公司的每年收益可以在各大券商研究报告中找到，贴现率也可用一年期市场存款利率替代。

（二）股票投资净现值的概念以及计算

1. 净现值等于内在价值与成本之差，即：净现值 = 内在价值 - 成本，见（1-2）式：

$$NPV = V - P = \sum_{t=1}^{n} \frac{D_t}{(1+K)^t} - P \qquad 公式（1-2）$$

式中，P为在 $t=0$ 时购买股票的成本。

（1）$NPV>0$，意味着所有预期的现金流入的现值之和大于投资成本，股票被低估，购买这种股票可行。

（2）$NPV<0$，意味着所有预期的现金流入的现值之和小于投资成本，股票被高估，不可购买这种股票。

经典案例

接上例表1-1条件，浦发银行2014年7月18日收盘价P为9.02元（复权价），2014年的内在价值V为14.04元，$NPV=V-P=14.04$ 元 -9.02 元 $=5.02$ 元 >0，根据“股价低于内在价值时，可适当购买；当股价高于内在价值时，可适当卖出”的原则，浦发银行具有投资价值可以适当购买。

2. 内部收益率见（1-3）式：

$$NPV = V - P = \sum_{t=1}^{n} \frac{D_t}{(1+K^*)^t} - P = 0$$

$$P = \sum_{t=1}^{n} \frac{D_t}{(1+K^*)^t}$$ 公式（1－3）

内部收益率就是使投资净现值等于零的贴现率，用 K^* 表示。把 K^* 与具有同等风险水平的股票的必要收益率（用 K 表示）相比较：如果 $K^* > K$，则可以购买这种股票。

（三）零增长模型

1. 现值计算。见（1－4）式：

$$V = \sum_{t=1}^{n} \frac{D_0}{(1+K)^t} = D_0 \times \sum_{t=1}^{n} \frac{1}{(1+K)^t}$$ 公式（1－4）

零增长模型假定股利（D）不变，即股利增长率 $g=0$。根据这个假定，得出零增长模型公式见（1－5）式：

$$V = \frac{D_0}{K}$$ 公式（1－5）

式中，V 为股票的内在价值；D_0 为在未来无限时期支付的每股股利；K 为必要收益率（贴现率）。

经典案例

浦发银行 2013 年每股收益 2.194 元，2014 年 6 月 24 日派发红利（D_0）0.66 元，贴现率 K 为 4.61%（以 2014 年 7 月 18 日 7 天国债回购利率收盘价替代）。那么，7 月 18 日浦发银行收盘价 9.02 元，值得购买吗？

$$V = \frac{D_0}{K} = \frac{0.66}{0.0461} = 14.31\text{（元）}$$

根据计算结果，NPV = V － P = 14.31 元 － 9.02 元 = 5.29 元 > 0，可适当购买。

2. 内部收益率。方程也可用于计算投资于零增长证券的内部收益率。首先，用证券的当今价格 P 代替 V，用 K^*（内部收益率）代表 K，代入公式其结果见（1－6）式：

$$P = \sum_{t=1}^{n} \frac{D_0}{(1+K^*)^t} = \frac{D_0}{K^*}$$

$$K^* = \frac{D_0}{P}$$ 公式（1－6）

经典案例

浦发银行 2014 年 6 月 23 日每股分红 0.66 元，7 月 18 日除权收盘价 P 为 9.02 元，测算内部收益率：

$$K^* = \frac{D_0}{P} \times 100\% = \frac{0.66}{9.02} \times 100\% = 7.31\%$$

计算结果 K^* 7.31% > K 4.61%，则可以购买这种股票。

三、投资股票的选择

股市有句话说："选势不如选股。"在股票投资市场中，常见选股路径一种是"自上而下"，另一种是"自下而上"。

1. 自上而下如何筛选短期热门股票。自上而下选股方法，一是根据近期经济新闻热点、国家产业扶持政策、美国股市热点股票，投资者找出热门行业板块和热门概念板块；二是投资者对热门板块股票的"F10 资料"和网上相关传闻进行研究、比较并主观判断与热点的相关度，将相关度高的股票作为关注对象；三是投资者找出有带动作用的股票和近期没有大涨的股票；四是投资者用技术分析法，选择合适的投资时机，在合适的价位进行建仓。

经典案例

特斯拉（TSLA）概念板块的炒作

2013 年下半年—2014 年上半年，特斯拉新能源汽车在美国异军突起，股价一路上涨，并波及全球，新能源汽车概念被移植到国内。国内涉及生产电动整车上市公司的有比亚迪、宇通、一汽、上汽等。经查资料发现比亚迪与特斯拉情况最接近，而且生产新能源电池，加上国家开始实行扶持新能源汽车优惠政策，比亚迪股票受到了各路资金的关注，股价走出了一大波牛市。参见图 1－2，比亚迪股票的走势与特斯拉电动车股价走势的形态非常接近。随后锂电池概念、充电桩概念等与新能源汽车产业链相关的概念的炒作如同一辙。

图 1－2 特斯拉电动车、比亚迪股价对比走势图

（资料来源：雪球网。）

2. 自下而上如何筛选股票。自下而上选股方法就是：首先看走势，其次业绩，再次读行业新闻和个股研究报告，最后看发展方向。

经典案例

选股选万科

万科是深圳股市的老牌蓝筹股和房地产业龙头股。由于国家对房地产行业调控、城市限购等不利政策的影响，近几年，万科股价雄风不再，但万科的经营业绩，如销售收入和利润等一直比较好，市场竞争力和地位稳居行业第一。

一是看走势。从图 1－3 可以看到，万科股价从 2014 年初的底部逐步盘出。

图 1－3 万科股价走势图

（资料来源：东方财富网。）

二是看业绩。从图 1－4、表 1－2 可以看到，万科利润逐年上涨。

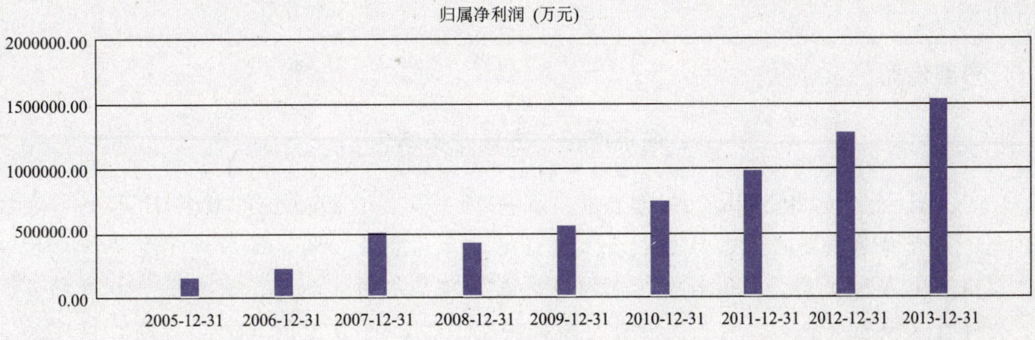

图 1－4 万科利润图

（资料来源：东方财富网。）

表1-2　　万科利润表（2005-2013年）

每股指标	2013-12-31	2012-12-31	2011-12-31	2010-12-31	2009-12-31	2008-12-31	2007-12-31	2006-12-31	2005-12-31
基本每股收益（元）	1.37	1.14	0.88	0.66	0.48	0.37	0.73	0.493	0.363
扣非每股收益（元）	1.37	1.1379	0.87	0.64	0.48	0.37	0.72	0.473	0.359
每股净资产（元）	6.98	5.8049	4.82	4.02	3.4	2.9	4.26	3.406	2.232
每股未分配利润（元）	3.3325	2.4272	1.7221	1.2251	0.8011	0.5625	0.5869	0.153	0.1649
每股经营现金流（元）	0.175	0.339	0.308	0.203	0.842	-0.003	-1.52	-0.69	0.23

（资料来源：东方财富网。）

三是看行业新闻、研报。从图1-5可以看到，行业新闻中，房地产限购松绑传闻不断；个股研报中多家券商给出投资买入评级，如海通证券万科投资分析报告。

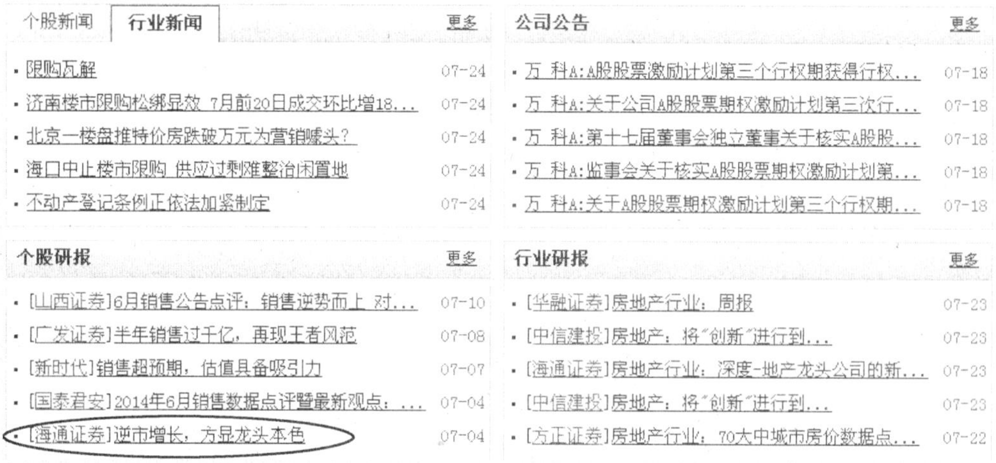

图1-5　万科相关信息图

（资料来源：东方财富网。）

资料传真

逆市增长，方显龙头本色

万科企业（2202.HK）成功上市，维持"买入"评级：公司B转H已成功实施，符合海通预期。考虑H股投资人更偏好大市值龙头公司，H股地产龙头所获估值水平比A股更高。H股若持续走强将对A股构成刺激。此外，双融资平台有利万科降低未来融资成本，有利提升公司整体经营效率，对A股股东同样有利。目前公司核心员工、高管、大股东，公司三大层次已全部增持公司股票。公司各级员工和大股东以实际行动表示对公司中长期发展充满信心。考虑到事业合伙人增持资金可以使用融资杠杆，必要时期公司可增持资金充足。预计公司 2014 年、2015 年 EPS 分别是 1.71 元和 2.05 元，RNAV 在 15.2 元。按照公司 7 月 3 日 8.15 元股价计算，对应 2014 年和 2015 年 PE 为 4.77 倍和 3.98 倍。给予公司 2014 年 6 倍市盈率，对应股价 10.26 元，维持对公司的“买入”评级。

（资料来源：涂力磊、贾亚童：海通证券，2014 年 7 月 4 日。）

四是看发展方向。2014 年 2 月 4 日，在东京无印良品总部，万科董事局主席王石在《我的道路与选择》的演讲中提到：“预计万科整个培养建筑质量体系预计 2015 年初步完成。2015 年整个万科工程体系也是像日本同行一样毫米级”。2006 年，日本和中国建筑行业质量差距在于中国建筑行业误差是厘米级，而日本的误差是毫米级，十倍的质量误差。日本建筑可以不用任何的修饰、涂料、磁砖。

综合以上四步分析，投资者可以做出自己的投资决策。

知识问答

小明提问：什么样的股票算是好股？

回答：一般而言，好的股票不只是要在涨势中保持着上涨的势头，更重要的是要在跌势中具有抗跌性，能够逆势上升。

投资箴言

两鸟在林，不如一鸟在手。

——**适时锁定收益是一种良好的习惯**

网络链接

对“任务讨论”中所涉及的上市公司，开展公开信息、相关传闻的搜集、整理工作。百度、东方财富网、中财网、新浪财经等。

任务讨论

1. 对浦发银行（600000）进行投资价值分析。
2. 对万科（000002）进行投资价值分析。
3. 在中小板、创业板中各选取一只股票进行投资价值分析。

任务三
了解债券投资价值分析

任务导入

相对股海的大风大浪，债券市场安静多了，湖中泛舟，是一种惬意。有人说：债券投资稳中有赚，是通缩中的明星；也有人说：债券投资获利太慢，是通胀中的小丑。但无论怎样，小心驶得万年船，时间是债券的好朋友，信用是债券的生命。下面让我们了解一下债券投资价值分析吧。

知识准备

一、影响债券投资价值的因素

如同影响股票投资价值的因素一样，影响债券投资价值的因素也主要分为内部因素和外部因素，见图 1－6。

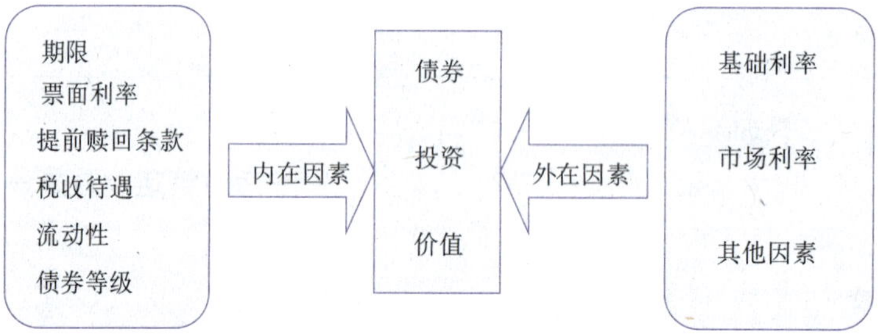

图 1－6 影响债券投资价值的因素

（一）影响债券投资价值的内部因素

1. 债券期限。一般来说，债券的期限越长，受包括利率等市场环境因素的变化影响，价格变动的可能性越大。如在升息周期内，投资价值低；在降息周期内，投资价值高。

2. 票面利率。债券的票面利率越低，债券价格的易变性也就越大。在市场利率提高的时候，票面利率较低的债券的价格下降较快。但是，当市场利率下降时，它们增值的潜力可能较大。

3. 提前赎回条款。提前赎回条款是债券发行人所拥有的一种选择权。它允许债券发行人在债券到期前按约定的赎回价格部分或全部偿还债务。对投资者来说，具有较高提前赎回可能性的债券应具有较高的票面利率，其内在价值相对较低。

4. 税收待遇。一般来说，免税债券的到期收益率比类似的应纳税债券的到期收益率低。

5. 债券流动性。流动性好的债券与流动性差的债券相比，到期收益率低。

6. 债券的信用等级，又称信用风险或违约风险，是指债券发行人按期履行合约规定的义务，足额支付利息和本金的可靠性程度。信用程度越低的债券，投资者要求的收益率越高，债券的内在价值也就越低。

（二）影响债券投资价值的外部因素

1. 基础利率。基础利率一般是指无风险债券利率。如政府债券利率。

2. 市场利率。市场利率风险是各种债券都面临的风险。市场利率风险与债券的期限相关，债券的期限越长，其价格的利率敏感度也就越大。

3. 其他因素。影响债券定价的外部因素还有通货膨胀水平以及外汇汇率风险等因素。

（三）债券投资价值与其内、外部因素的关系

鉴定债券投资价值的内部因素和外部因素的影响性，关键是能判断这些因素和债券投资价值的相关关系，具体内容可见表1－3、表1－4。

表1－3　　内部因素和债券投资价值关系

内部因素	内部因素变化	对债券投资价值的影响
期限长短	期限越长	市场价格变动的可能性越大
票面利率	票面利率越低	市场价格易变性越大
提前赎回规定	提前赎回可能性越高	内在价值越低
税收待遇	具有税收待遇	内在价值越高
流通性	流通性越高	内在价值越高
债券的信用等级	债券的信用等级越高	内在价值越高

表1－4　　外部因素和债券投资价值关系

外部因素	外部因素变化	对债券投资价值的影响
基础利率	上升	内在价值下降
市场利率风险	上升	内在价值下降
通货膨胀水平	上升	内在价值下降
外汇汇率风险	所投资债券的币种币值下降	内在价值下降

知识问答

小明提问：投资者购买债券最需要考虑什么？

回答：最需要考虑的是债券发行人信用等级和债券的信用评级。与到期不能兑付本、息相比，利率、时间都不重要了。发行人信用等级从高往下排：中央政府、地方政府、金融企业、企业。

知识拓展

投资债券风险因素分析及防范原则

债券投资的系统性风险有利率、价格变动、通货膨胀；非系统性风险有信用违约、转让风险、企业经营风险。

利率风险。利率风险是指由利率的可能性变化给投资者带来收益损失的可能性。债券的票面利率一般是发行时就固定的。央行的上调利率，债券价格一般会下跌；反之，价格上涨。

价格变动风险。交易所可交易债券的市场价格时时变化，难以预料，若它的变化与投资者预测的一致时，会给投资者带来资本增值；如果不一致，那么，投资者的资本必将遭到损失。

通货膨胀风险。投资债券的实际收益率＝名义收益率÷通货膨胀率（或叫价格指数）。当通货膨胀发生，且利率不能覆盖通货膨胀，债券投资收益虽有增加但货币的实际购买能力下降了。

信用违约风险。债券发行人不能兑付到期的债券本金或利息。

转让风险：当投资者急于将手中的债券转让出去，有时候不得不在价格上打点折扣，或是要支付一定的佣金，因这种付出所带来的收益变动的风险就叫转让风险。

企业经营风险。主要涉及企业债，资信评级是静态的，但企业的经营是一个动态过程，有可能它的经营每况愈下，它的资信等级就会降到不可信的地步，这种情况就会给我们投资者获得本息带来损失的可能。

风险防范的原则是对系统性风险的防范，要针对不同的风险类别采取相应的防范措施，最大限度避免风险对债券价格的不利影响；对非系统性风险的防范，一方面要通过投资分散化来减少风险，一方面也要尽力关注企业的发展状况，充分利用各信息、资料，正确分析，适时购进或抛出债券，以避免这种风险。

资料传真

中国出现首例公司债券违约

中新财经北京3月5日电　中国一家生产太阳能电池的民营企业宣布无力偿还即将到期的公司债券利息，成为中国首例公司债券违约。

上海超日太阳能科技股份有限公司4日晚间发布公告称，“11超日债”第二期8980万元的利息将无法在原定付息日3月7日按期全额支付。

公告称，由于公司流动性危机尚未化解，通过公司自身生产经营未能获得足够的付息资金；公司也通过各种外部渠道筹集支付资金，但由于各种不可控因素，目前付息资金仅能落实400万元。

"11超日债"系该公司于2012年发行的固定利率债券，发行规模为10亿元，票面利率为8.98%。

事实上，此前超日公司曾就"11超日债"的投资风险多次发布公告。从2011年至2013年，该公司一直处于亏损状态。

这是中国第一例公司债券违约，意味着"中国式"刚性兑付的最核心领域——"公募债务零违约"被打破。

对此，有分析人士认为，违约事件可能提高公司债券的风险预测，提高公司债收益率，并减缓其发行速度。

在海通证券分析师姜超看来，这一违约事件将使市场避险情绪升温，使银行信贷和投资更加重视安全。

民生证券研究院副院长管清友表示，打破刚性兑付未必是坏事，风险释放最终有利于结构调整和市场化改革。

目前，中国公司债市场规模庞大。据国际评级机构标准普尔数据，截至2013年底，中国公司债市场规模已达12万亿美元。

（资料来源：中新财经，2014年3月5日。）

二、债券价值的计算公式

（一）按单利和复利计算货币终值和现值

债券投资的目的在于未来某个时点获取一笔已经发生增值的货币收入。简便起见，假定债券不存在信用风险，并且不考虑通货膨胀对债券收益的影响，从而对债券的估价可以集中于时间的影响上，那么，使用货币按照某种利率进行投资的机会是有价值的，该价值被称为货币的时间价值。

假定当前使用一笔金额为P_0的货币，按照某种利率r投资一定期限n，投资期末连本带利收回货币金额P_n，那么P_0为该笔货币的现在价值，简称"货币的现值"，P_n为该笔货币的期末价值，简称"货币的终值"。

1. 利用现值计算终值。当利率相同时，用单利计算的终值比用复利计算的终值低。假定当前一项投资的期限为n期，每期利率为r，那么该项投资第n年末时分别按复利和单利计算的终值依次为：

$P_n = P_0(1+r)^n$（复利）　　公式（1-7）

$P_n = P_0(1+r \cdot n)$（单利）　　公式（1-8）

经典案例

某投资者将100元投资于年息10%为期2年的债权，计算此项投资的终值。

复利计算：$P_2 = 100 \times (1 + 10\%)^2 = 121$（元）

单利计算：$P_2 = 100 \times (1 + 10\% \times 2) = 120$（元）

2. 利用终值计算现值。在其他条件相同的情况下，按单利计息的现值要高于用复利计算的现值。利用终值求现值的过程，称之为贴现。假定当前一项投资的期限为 n 期，每期利率为 r，投资期末连本带利收回货币金额为 P_n，那么，该项投资初始投入分别按复利和单利计算的现值依次为：

$$P_0 = \frac{P_n}{(1+r)^n} \text{（复利）} \qquad \text{公式（1-9）}$$

$$P_0 = \frac{P_n}{(1+r \cdot n)} \text{（单利）} \qquad \text{公式（1-10）}$$

经典案例

某投资者 2 年期债券兑付的本息和 100 元，贴现率为 10%，计算此项投资的现值。

单利贴现：$P_0 = \frac{P_2}{(1+10\% \times 2)} = \frac{100}{1+10\% \times 2} = 83.33$（元）

复利贴现：$P_0 = \frac{P_2}{(1+10\%)^2} = \frac{100}{(1+10\%)^2} = 82.6$（元）

（二）一次性还本付息债券的定价公式

债券的定价原理：资本化定价方法认为，资产的内在价值 = 预期现金流的现值。

债券的价格即等于来自债券的预期货币收入按某个利率贴现的现值。在确定债券价格时，需要估计预期货币收入和投资者要求的适当收益率（称必要收益率）。

对于一次还本付息的债券来说，其预期货币收入是期末一次性支付的利息和本金，必要收益率可参照可比债券得出。

运用到债券上，债券的内在价值 = 债券的预期货币收入按照某个利率贴现的现值。确定债券内在价值时，需要知道：

1. 估计的预期货币收入；债券的预期货币收入的来源：利息和票面额。

2. 投资者要求的适当收益率，称“必要收益率”。债券的必要收益率一般是比照具有相同风险程度和偿还期限的债券的收益率得出的，一般以贴现率替代。一次还本付息，预期货币收入是期末一次性支付的利息和本金。

（1）单利计息、单利贴现见（1-8）式：

$$p = \frac{M(1+i \cdot n)}{(1+r \cdot n)} \qquad \text{公式（1-8）}$$

（2）单利计息、复利贴现见（1-9）式：

$$p = \frac{M(1+i \cdot n)}{(1+r)^n}. \qquad \text{公式（1-9）}$$

(3) 复利计息、复利贴现见 (1-10) 式：

$$p=\frac{M\ (1+i)^{n}}{(1+r)^{n}}$$ 公式 (1-10)

P—债券的内在价值；M—票面价值；i—每期利率；r—必要收益率（折现率）；n—剩余时期数。

经典案例

国家开发银行2013年第一期金融债券（代码018001），2013年12月27发行，发行价格102.54元、期限2年、年利率5.80%。目前最低贴现率不得低于人民银行规定的再贴现利率即3.24%。该债券有投资价值吗？

1. 面值100元，从发行到期兑付的终值：

$100\times(1+5.8\%)^{2}=111.94$ (元)

其复利计息，复利贴现现值：

$$\frac{111.94}{(1+3.24\%)^{2}}=105.02\text{ (元)}$$

2. 面值100元，若为到期一次付息，从发行到期兑付终值：

$100\times(1+5.8\%\times2)=111.6$ (元)

其单利计息，复利贴现的现值：

$$\frac{111.6}{(1+3.24\%)}=104.7\text{ (元)}$$

3. 发行价格102.54元，面值100元的国家开发银行2013年第一期金融债券的现值为105.02元，即发行价<现值，故以发行价购入该债是有利的。

(三) 付息债券的定价公式

对于普通的按期付息的债券来说，其预期货币收入有两个来源：到期日前定期支付的息票利息和票面额，其必要收益率也可参照可比债券确定。因此，对于一年付息一次的债券来说，若用复利计算，其价格决定公式见 (1-11) 式：

$$P=\sum_{t=1}^{n}\frac{C_t}{(1+r)^{t}}+\frac{M}{(1+r)^{t}}$$ 公式 (1-11)

若用单利计算，其价格决定公式见 (1-12) 式：

$$P=\sum_{t=1}^{n}\frac{C_t}{(1+r\cdot n)}+\frac{M}{(1+r\cdot n)}$$ 公式 (1-12)

式中：P—债券的内在价值；C—每年支付的利息；r—必要收益率；t—第t次；n—所余年数；M—票面价值。

经典案例

按上例条件：

1. 若用复利计算该债券（代码 018001）的内在价值（每面值 100 元债券）：

$$P = \sum_{t=1}^{n} \frac{C_t}{(1+r)^t} + \frac{M}{(1+r)^t} = \frac{5.8}{(1+3.24\%)^1} + \frac{5.8}{(1+3.24\%)^2} + \frac{100}{(1+3.24\%)^2}$$

$$= 104.88(元)$$

2. 若用单利计算，该债券的内在价值（每面值 100 元债券）：

$$P = \sum_{t=1}^{n} \frac{C_t}{(1+r \cdot n)} + \frac{M}{(1+r \cdot n)}$$

$$= \frac{5.8}{(1+3.24\% \times 1)} + \frac{5.8}{(1+3.24\% \times 2)} + \frac{100}{(1+3.24\% \times 2)}$$

$$= 104.98(元)$$

三、债券收益率的计算

1. 当前收益率：

$$当前收益率 = \frac{债券的年利息收入}{买入债券的实际价格}$$

Y 为当前收益率；C 为每年利息收；P 为债券价格

其计算公式见（1－13）式：

$$Y = \frac{C}{P} \times 100\% \qquad 公式（1-13）$$

经典案例

按上例条件，债券（代码 018001）当前收益率（每面值 100 元债券）：

$$Y = \frac{C}{P} \times 100\% = \frac{5.8}{102.54} \times 100\% = 5.66\%$$

2. 内部到期收益率：

无息债券（一次还本付息债券）P 为债券价格，Y 为内部到期收益率，n 为时期数，F 为到期价值，内部到期收益率见（1－14）式：

$$Y = \left(\sqrt[n]{\frac{F}{P}} - 1\right) \times 100\% \qquad 公式（1-14）$$

经典案例

面值 100 元的 2 年期无息国债，以 95 元发售，其内部收益率为多少？

$$Y = \left(\sqrt[2]{\frac{100}{95}} - 1\right) \times 100\% = 2.6\%$$

3. 持有期收益率：

P_0为买入价格，F 为面值 100 元，Y 为持有期收益率，C 为每年利息收益；N 为持有天数，则无息债券持有期收益率见（1－15）式：

$$Y=\frac{F-P_0}{P_0}\times\frac{365}{N}\times 100\% \quad \text{公式（1－15）}$$

经典案例

98 元买入 1 张面值 100 元 3 个月（91 天）到期兑付无息债券，问买入到期收益率多少？与 2 年期 95 元发售的无息国债比较。

$$Y=\frac{100-98}{98}\times\frac{365}{91}\times 100\% = 8.18\%$$

2 年期 95 元发售的无息国债收益率为 2.6%，3 个月到期无息债券年化收益率为 8.18%，短债收益率高于长债收益率的，因此可以买入。

投资箴言

债券投资并不是万无一失的。投资债券是分散风险的一个有效途径，即使是评级很高的美国国债也存在风险。美联储为了拉动经济增长从而将利率水平维持在历史低位的做法，意味着利率迟早会有上涨的一天。一旦这天到来，债券价格就会下跌。此外，有些企业债券、外国信用债以及市政债券也会面临违约风险。

——华尔街投资箴言

网络链接

搜集 2013 年上市的国债、地方债（城投债）、金融债、企业债的公开信息，可参见财政部、中国债券信息网（http：//www. chinabond. com. cn）、东方财富网（http：//bond. eastmoney. com）。

任务讨论

对 2013 年上市的国债、地方债（城投债）、金融债、企业债各选一个券种进行投资分析。

任务四
了解基金投资价值分析

任务导入

证券基金有专业人士打理，投资各种基金，我们可以借力使力，在股海中观日出、看日落。当然选对“船长”也很重要。

知识准备

投资股票、债券，投资人不仅需要学习、掌握很多专业知识，而且需要耗费大量的时间、精力去关注投资的过程。一些富裕人群有资金，想参与证券投资，可苦于没精力、没能力进行证券投资运作，而各种证券基金的推出，满足了他们能够投资证券市场、分享资本投资收益的愿望。

一、证券投资基金

证券投资基金是通过发售基金份额，将众多投资者的资金集中起来，形成独立资产，由基金托管人托管，基金管理人管理，以投资组合的方式进行证券投资的一种利益共享、风险共担的集合投资方式。

知识拓展

证券投资基金的作用

基金为中小投资者拓宽了投资渠道。对中小投资者来说，存款或购买债券较为稳妥，但收益率较低；投资于股票可能获得较高收益，但风险较大。证券投资基金作为一种新型的投资工具，将众多投资者的小额资金汇集起来进行组合投资，由专家来管理和运作，经营稳定、收益可观，为中小投资者提供了较为理想的间接投资工具，大大拓宽了中小投资者的投资渠道。在美国，有50%左右的家庭投资于基金，基金占所有家庭资产的40%左右。因此可以说，基金已进入寻常百姓家，成为大众化的投资工具。

基金有利于证券市场的稳定与发展。第一，基金的发展有利于证券市场的稳定，证券市场的稳定与否同市场的投资者结构密切相关。基金的出现和发展，能有效地改善证券市场的投资者结构。基金由专业投资者经营管理，其投资经验比较丰富，收集和分析信息的能力较强，投资行为相对理性，客观上能起到稳定市场的作用。同时，基金一般注重资本的长期增长，多采取长期的投资行为，较少在证券市场频繁进出，能减少证券市场的波动。第二，基金作为一种主要投资于证券市场的金融工具，它的出现和发展增加了证券市场的投资品种，扩大了证券市场的交易规模，起到了丰富和活跃证券市场的作用。随着基金的发展壮大，它已成为推动证券市场发展的重要动力。

二、证券投资基金的分类

证券投资基金按照不同标准可以划分为不同的种类，证券投资基金的分类可见表1－5。

表1－5　证券投资基金类型

<table>
<tr><th rowspan="2">分类标准</th><th rowspan="2">分类</th><th colspan="5">特点</th></tr>
<tr><th colspan="2">资金的性质</th><th>投资者的地位</th><th>投资者的权利</th><th></th></tr>
<tr><td rowspan="2">按照基金的组织方式分类</td><td>契约型基金</td><td colspan="2">信托资产</td><td>契约基金的当事人之一，即受益人</td><td>没有管理基金资产的权利</td><td>基金契约</td></tr>
<tr><td>公司型基金</td><td colspan="2">为公司法人的资本</td><td>公司的股东</td><td>享有管理基金公司的权利</td><td>基金公司的章程</td></tr>
<tr><td rowspan="4">按资金运作方式分类</td><td rowspan="2">分类</td><td colspan="5">特点</td></tr>
<tr><td>期限</td><td>基金规模</td><td>基金单位的转让方式</td><td>基金单位的交易价格计算标准</td><td>投资策略</td></tr>
<tr><td>封闭式基金</td><td>在招募说明书中列明封闭期限</td><td>在招募说明书中列明其基金规模</td><td>在封闭期限内不能要求基金公司赎回，只能在证券交易市场或柜台上出售</td><td>买卖价格受市场供求关系的影响，并不必然反映公司的净资产</td><td>可进行长期投资</td></tr>
<tr><td>开放式基金</td><td>没有固定的期限，投资人可随时申购、赎回</td><td>没有发行规模限制。基金规模随投资人申购、赎回而变动</td><td>投资者在首次发行结束一段时间后，随时向基金管理人或中介机构提出购买或赎回申请</td><td>基本不受市场的供求影响，交易价格取决于基金的每单位净资产净值的大小，卖出价格＝单位净资产净值＋5%左右的首次购买费；赎回价＝单位资产净值－赎回费</td><td>不能全部用来投资，更不能把全部资本用作长线投资</td></tr>
</table>

续表

	分类	特点
按资金投资目标分类	成长型基金	投资具有高增长潜力的上市公司，往往适合宏观环境比较宽松的上涨的市场。属于风险程度最高、收益最大的基金
	收入型基金	投资于可带来现金收入的有价证券，以追求基金当期收入为投资目标的基金。一般可获得利息、红利等。虽成长性较弱，但风险相应也较低
	平衡性基金	以保障资本安全、当期收益分配、资本和收益的长期成长等为基本目标，在投资组合中比较注重长短期收益、风险搭配
按资金投资理念分类	分类	特点
	主动型基金	是以寻求取得超越市场的业绩表现为目标的一种基金
	被动型基金	选取特定的指数成份股作为投资的对象，不主动寻求超越市场的表现，而是试图复制指数的表现
按基金投资标的分类	分类	特点
	股票基金	投资风险较个人投资股票的风险小，具有较强的变现性和流动性
	债券基金	风险和收益水平较股票基金低
	货币基金	在整个基金市场中属于低风险的安全基金

知识问答

小明提问：我想知道要是投资证券基金，是买新发基金好呢？还是要买老基金好？

回答：一般讲，市场向下走建议买新基金，市场向上走建议买老基金这是因为基金建仓有一个过程。短期上涨，老基金有股票仓位，可借力净值增长。同理，市场短期下跌，老基金股票有仓位，基金净值也会短期下降。

三、投资基金价值分析

1. 基金管理投研团队。买入或申购一只证券投资基金，实际上是投资人用自己的资金，选择投资成绩优异的基金经理，是件不容易的事。通常做法：一是在网上查找基金排行，找出排名前十的选作明星基金；二是找出明星基金的操盘基金经理，三是查看该基金经理的履历与其操盘历史业绩；四是对基金经理们的短期及长期业绩进行比较，选出排名在前端的基金经理作为明星经理。明星基金经理之所以能成为明星，多是由于其在配置、选股、策略、远见、定力方面有突出的表现，可能会给予基金持有人超额的回报，见图 1－7。

全部(3095)　股票型(562)　混合型(1496)　债券型(820)　指数型(421)　保本型(136)　QDII(81)　LOF(163)

比较	序号	基金代码	基金简称	日期	单位净值	累计净值	日增长率	近1周	近1月	近3月	近6月	近1年	近2年	近3年	今年来	成立来	自定义	手续费
	1	001048	富国新兴产业	03-09	1.1220	1.1220	-0.62%	4.86%	8.83%	3.13%	3.60%	21.69%	---	---	6.55%	12.20%	23.03%	0.15%
	2	001410	信达澳银新能	03-09	1.1520	1.1520	0.26%	3.69%	9.09%	4.63%	6.37%	36.82%	---	---	7.97%	15.20%	39.64%	0.15%
	3	000457	上投摩根核心	03-09	1.9150	1.9150	-0.52%	3.46%	6.33%	4.36%	7.28%	34.48%	38.57%	92.66%	6.98%	91.50%	36.11%	0.15%
	4	161031	富国中证工业	03-09	0.9560	0.5710	-0.42%	3.02%	3.91%	-2.45%	-4.36%	12.35%	---	---	2.25%	-43.02%	13.66%	0.12%
	5	519606	国泰金鑫	03-09	1.4490	1.5730	-0.55%	2.84%	6.23%	5.61%	4.92%	42.48%	18.38%	---	6.78%	44.90%	44.76%	0.15%
	6	378510	上投大盘蓝筹	03-09	1.3810	1.3810	-0.79%	2.83%	5.42%	1.54%	3.60%	15.56%	9.34%	41.93%	6.97%	38.10%	17.03%	0.15%
	7	161033	富国中证智能	03-09	0.9880	0.9880	-0.60%	2.81%	4.22%	-0.50%	-4.91%	-1.59%	---	---	4.77%	-1.20%	-1.59%	0.12%
	8	000471	富国城镇发展	03-09	1.9850	2.4850	-0.50%	2.74%	1.85%	-3.41%	0.65%	22.59%	43.42%	139.07%	-1.15%	149.11%	24.37%	0.15%
	9	001542	国泰互联网+	03-09	1.3860	1.3860	-0.29%	2.67%	7.53%	5.00%	7.19%	38.60%	---	---	10.09%	38.60%	40.71%	0.15%
	10	003145	中融竞争优势	03-09	0.8988	0.8988	-0.54%	2.31%	2.73%	-6.80%	-9.93%	---	---	---	-0.73%	-10.12%	-10.12%	0.15%

图 1－7　2016 年 3 月—2017 年 3 月开放式基金排名

（资料来源：天天基金网。）

资料传真

如图1－7开放式基金排名中，选取并点击“国泰金鑫”（519606），见图1－8国泰金鑫，查找基金经理，我们可以了解到基金经理的基本情况，如履历和管理的基金历年投资回报，并与同期大盘、中小板、创业板指数比较，从而得出基金经理投资能力是比较强的。

图1－8　国泰金鑫

（资料来源：天天基金网。）

2. 基金约定的风格。基金投资风格是基金在构建投资组合和选择股票的过程中所表现出的风格。基金风格可在该基金公告中查到。比如债券型基金的净值变化，应与股指的相关度较低，如果短期内基金净值变化很大，说明该基金仓位中权益类证券所占比重较大，可能会违反债券型基金有关投资范围的契约，基金经理可能在基金投资管理上存在道德风险。判断基金经理是否能遵守既定的约定风格，可以参照基金净值与基金参照基准进行对比。

知识拓展

基金经理与基金投资范围

基金经理人是代表基金公司，管理共同基金或其他投资计划，并代表公司成员在事先一致同意的总指导方针下，做出适当的投资决策，是基金管理的灵魂人物，其能力影响基金的整体报酬。基金经理人通常管理的资金庞大，故在证券市场上具有一定的影响力。基金经理人须由券商或公司的研究部门所提供的研究报告中，挑出适合投资的标的，且定期拜访那些具潜力或已投资的上市公司，去感觉和发掘获利的契机，甚至回避掉潜在的风险。

目前，证券投资基金的投资范围包括证券市场上所有的证券，包括股票、国债、企业债、金融债、可转债、货币市场工具、权证、资产证券化产品等。但具体到每一个基金，由于其投资目标的不同有所区别。股票型基金以股票投资为主，而不同风格类型的股票型基金其选择的股票种类也不相同，如价值型基金主要选择那些盈利水平和经营都很稳定的上市公司进行投资；成长型基金主要选择那些盈利增长水平高的上市公司进行投资；指数基金主要投资于证券指数的成份股；债券型基金主要投资各种债券；货币市场基金仅投资于货币市场工具等。

知识问答

小明提问：我奶奶每年的退休金可积攒20000元，我最好帮她买什么样的基金？

回答：鉴于老年人抗风险能力不高，且可能随时需要用钱，建议10000元申购货币型基金，5000元购买债券型基金，剩余5000元留作存款。

3. 交易型开放式指数基金（ETF）。又称“交易所交易基金”，是一种跟踪“标的指数”变化、且在证券交易所上市交易的基金，属于被动型基金的一种。ETF投资的关键是其跟踪指数的选择。如果投资人能判断市场大势及位置，可以选择大盘指数ETF；如果能判断某行业有发展潜力，也可投资行业的ETF（板块信息可在行情中找到）；如果抗风险能力再强的话，可以投分级基金中的风险部分。

目前，我国证券市场已有121家基金公司、755只基金，管理市值93187.49万亿元（天天基金网2017年3月10日数据）。要做好选投主动投资类型基金，如选好的基金经理、选业绩好的基金，其中的工作量和难度比较大，关键是基金经理的道德风险无法回避。如果追求市场平均收益，可以选择被动型基金。

4. 分级基金。分级基金是指在一个投资组合下，通过对基金收益或净资产的分解，形成两级风险收益表现有一定差异化基金份额的基金品种。它的主要特点是将基金产品分为两类或多类份额，并分别给予不同的收益分配。如将原来的基金作为母基金，经转换后，分为A、B级基金，A级基金将获得一个约定的固定年收益（7%），A级基金净值不随股市的升降起伏变化；B级基金相当于向A级基金持有人借款，并支付6%～7%的年利率，B级基金持有人可获得A、B两份基金投资于股票市场可能取得的双倍收益；同样也承担双倍损失。

经典案例

如何理解分级基金A、B收益分配及市场表现

富国中证军工指数分级证券投资基金，包括分级基金军工A（150181）和军工B（150182）。从图1-9中可以看出：

按该基金契约，军工A获得相对固定收益，走势是平的；当期军工板块上涨，军工B（150182）走势上涨幅度大，扣除军工A应得的固定收益，其余部分归军工B。简单地说，军工B一直在向军工A借款并支付利息，母基金权益组合上涨，军工B净值增得很快可见军工B具有杠杆性。同理当军工板块下跌，军工B不仅负担母基金权益组合下跌的损失，还要支付军工A约定的固定收益，因此净值下跌更快了。

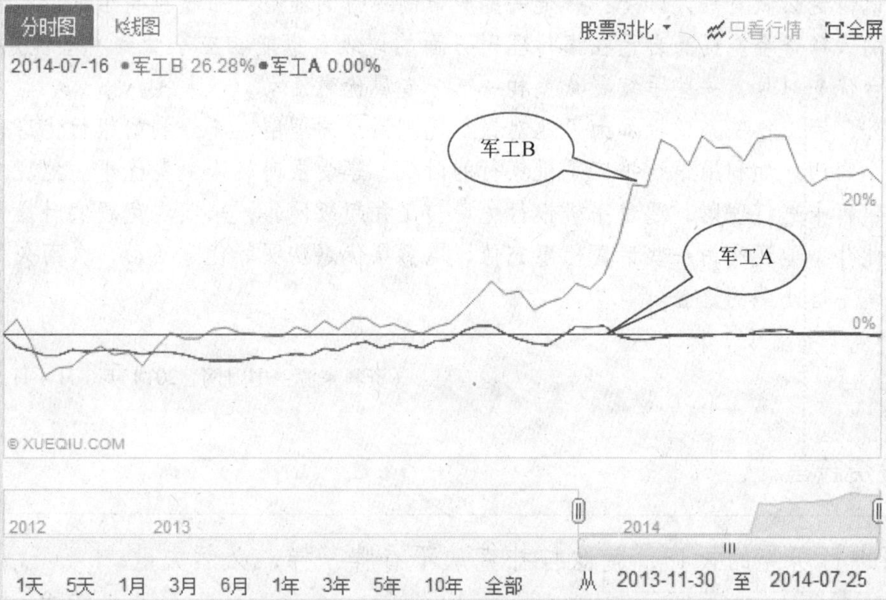

图 1－9　分级基金军工 A、军工 B 分时走势叠加图

（资料来源：雪球网。）

资料传真

90 后银行职工 3 年攒够 23 万 货币基金帮大忙

在人们印象中，90 后往往被贴上“随心所欲”的标签，这些看似生活得比较随性的人，也有善于规划自己财富者。财迷团网友“Panda 的小笨猪”就是一名已工作 3 年的 90 后，3 年时间攒到了 23 万元。

作为职场新人，“Panda 的小笨猪”的理财计划主要分为开源、节流和利用银行优惠活动。自大学毕业后，他就职于上海一家银行，月薪 8000 元，头两年的年终奖约有 5 万元左右。除了本职工作，他利用自己的英文优势，业余时间做一些文本翻译工作，一年能有 1 万多元的收入。在生活开支方面则能省就省，骑自行车上下班，在单位食堂吃饭等等，每月能存下 5000 元。

存到了钱，更重要的是让钱生钱，而在银行工作给他提供了理财方面的便利。他的方式是先将钱投入到门槛较低的货币基金中，当钱攒够 5 万元时，就转到银行理财产品。目前，他已攒下 23 万元，其中 22 万元存入 3 个月左右的银行理财，因为 3 个月的理财收益与半年甚至一年的理财年化利率相差一般也只有 0.3% 左右，而且 3 个月具有更高的灵活性，能保证自己的不时之需。剩下的 1 万元存入支持实时提现的货币基金，以供日常开销所用。

他说，这么做有两大好处：一是一些股份制银行的理财产品收益高于货币基金，二是稳定的大额资金能提高自己在银行理财方面的评级，也能相应享受到一些优惠待遇，比如柜台优先叫号、一些手续费减免和一部分专属优惠活动。

此外，因工作关系，也加大了他对银行优惠活动的理解，充分利用银行优惠也是他的理财小窍门。如利用银行推广手机银行的时机，享受限时转账免费优惠。他现在办理了两张银行卡进行理财，通过手机银行免费转账和超级网银，来实现免费实时操作资金往来。此外，他还利用一些话费优惠充值、电影票优惠购买等优惠活动，久而久之也能省下一笔不容小觑的资金。

（资料来源：中财网，2014 年 6 月 4 日。）

投资箴言

不进行研究的投资，就像打扑克从不看牌一样，必然失败。

——约翰·坎贝尔

网络链接

中财网基金学园（http：//fund. cfi. cn/BCA0A4127A4247A4263. html）；天天基金网基金学校（http：//fund. eastmoney. com/news/cjjxx. html）。

任务讨论

查找封闭式基金、ETF 、LOF 开放式基金估值与净值。可参见东方财富网—基金（http：//quote. eastmoney. com/center/fund. html # _ 4）、天天基金网—基金（http：//www. 1234567. com. cn/）。

任务五
了解可转换债券与权证投资价值分析

任务导入

如果说股票、债券和基金是证券市场最基本的投资工具，那么可转换债券和权证就可以说是这些最基本的投资工具的衍生物，到底什么是可转换债券和权证？如何通过对其投资来获利呢？下面让我们了解一下可转换债券和权证的投资价值分析吧。

知识准备

一、可转换债券的投资价值分析

1. 可转换债券的定义与特征。可转换债券是可转换公司债券的简称，它是一种是以公司债券为载体、允许持有人在规定时间内按照规定价格转换为发债公司或其他公司股票的金融工具。作为一种有价证券，可转换债券具有以下三个特点：

（1）债权性。与其他债券一样，可转换债券也有规定的利率和期限，投资者可以选择持有债券到期，收取本息。

（2）股权性。可转换债券在转换成股票之前是纯粹的债券，但在转换成股票之后，原债券持有人就由债权人变成了公司的股东，可参与企业的经营决策和红利分配，这也在一定程度上会影响公司的股本结构。

（3）可转换性。可转换性是可转换债券的重要标志，债券持有人可以按照约定的条件将债券转换成股票。转股权是投资者享有的、一般债券所没有的选择权。可转换债券在发行时就明确约定，债券持有人可按照发行时约定的价格将债券转换成公司的普通股票。如果债券持有人不想转换，则可以继续持有债券，直到偿还期满时收取本金和利息，或者在流通市场出售变现。如果持有人看好发债公司股票增值潜力，在宽限期之后可以行使转换权，按照预定转换价格将债券转换成为股票，发债公司不得拒绝。正因为具有可转换性，可转换债券利率一般低于普通公司债券利率，企业发行可转换债券可以降低筹资成本。同时，可转换债券持有人还享有在一定条件下将债券回售给发行人的权利，发行人在一定条件下拥有强制赎回债券的权利。

投资箴言

> 行情总在绝望中诞生，在半信半疑中成长，在憧憬中成熟，在希望中毁灭。
>
> ——约翰·邓普顿

2. 影响可转换债券投资价值的要素。可转换债券有若干要素，这些要素基本上决定了可转换债券的转换条件、转换价格、市场价格等总体特征。

（1）有效期限和转换期限。就可转换债券而言，其有效期限与一般债券相同，指债券从发行之日起至偿清本息之日止的存续期间。转换期限是指可转换债券转换为普通股票的起始日至结束日的期间。大多数情况下，发行人都规定一个特定的转换期限，在该期限内，允许可转换债券的持有人按转换比例或转换价格转换成发行人的股票。我国《上市公司证券发行管理办法》规定，可转换公司债券的期限最短为1年，最长为6年，自发行结束之日起6个月方可转换为公司股票。

（2）股票利率或股息率。可转换公司债券的票面利率（或可转换优先股票的股息率）是指可转换债券作为一种债券时的票面利率（或优先股股息率），发行人根据当前市场利率水平、公司债券资信等级和发行条款确定，一般低于相同条件的不可转换债券（或不可转换优先股票)。可转换公司债券应半年或1年付息1次，到期后5个工作日内应偿还未转股债券的本金及最后1期利息。

(3) 转换比例或转换价格。转换比例是指一定面额可转换债券可转换成普通股票的股数。用公式表示为：

转换比例 = 可转换债券面值／转换价格

转换价格是指可转换债券转换为每股普通股份所支付的价格。用公式表示为：

转换价格 = 可转换债券面值／转换比例

(4) 赎回条款与回售条款。赎回是指发行人在发行一段时间后，可以提前赎回未到期的发行在外的可转换公司债券。赎回条件一般是当公司股票在一段时间内连续高于转换价格达到一定幅度时，公司可以按照事先约定的赎回价格买回发行在外尚未转股的可转换公司债券。回售是指公司股票在一段时间内连续低于转换价格达到某一幅度时，可转换公司债券持有人按事先约定的价格将所持可转换债券卖给发行人的行为。

赎回条款和回售条款是可转换债券在发行时规定的赎回行为和回售行为发生的具体市场条件。

(5) 转换价格修正条款。转换价格修正是指发行公司在发行可转换债券后，由于公司尚未送股、配股、增发股票、分立、合并、拆细及其他原因导致发行人股份发生变动，引起公司股票名义价格下降时而对转换价格所做的必要调整。

经典案例

广州白云国际机场股份有限公司公开发行可转换公司债券预案

根据《公司法》、《证券法》、《上市公司证券发行管理办法》等有关法律法规的规定，经董事会对公司的实际情况逐项自查，认为公司各项条件满足现行法律法规和规范性文件中关于发行可转换公司债券的有关规定，具备公开发行可转换公司债券的条件。

本次公开发行可转换公司债券(以下简称“本次可转债”)发行方案(预案)的主要内容如下：

(1) 本次发行证券的种类。本次发行的证券种类为可转换为公司人民币普通股(A股)股票的可转换公司债券。

(2) 发行规模。本次可转债总额不超过人民币35亿元(包括发行费用)，具体发行数额提请股东大会授权公司董事会在上述额度范围内确定。

(3) 票面金额和发行价格。本次可转债每张面值为100元人民币，按面值发行。

(4) 债券期限。本次可转债的期限为自发行之日起5年。

(5) 债券利率。本次可转债票面利率不超过2.0%，具体每一年度的利率水平提请股东大会授权公司董事会根据国家政策、市场状况和本公司具体情况与保荐人(主承销商)协商确定。

(6) 还本付息的期限和方式。本次可转债采用每年付息一次的付息方式，计息起始日为本次可转债发行首日。年利息计算公式为：$I = b \times i$

其中：I 指年支付的利息额；b 指本次可转债持有人持有的可转债票面总金额；i 指可转债当年票面利率。

（资料来源：中国证券报·中证网，2015 年 4 月 4 日。）

3. 可转换债券的价值分析。可转换债券被视为普通公司债券与股票买权的组合体，其价值可以用公式表示为：

$$CB = B + K \times C$$

式中：CB 为可转换债券的理论价值；B 为普通债券的价值；K 为转股比率；C 为单位欧式期权价值。

二、权证的投资价值分析

1. 权证的含义。权证是指基础证券发行人或其以外的第三人发行的，约定持有人在规定期间内或特定到期日，有权按约定价格向发行人购买或出售标的证券的一种有价证券。权证的标的资产可以是股票、基金、债券、一篮子股票或其他证券。

知识拓展

权证的种类

（1）按照权利的不同，权证可以分为认购权证和认沽权证。认购权证（Call Warrant）赋予权证持有者在一定期限内按照一定的价格向发行人购买一定数量标的资产的权利。而认沽权证（Put Warrant）赋予权证持有者在一定期限内按照一定的价格向发行人出售一定数量标的资产的权利。

（2）按权利行使期限不同分为欧式权证、美式权证、百慕大式权证。美式权证的持有人在权证到期日前的任何交易时间均可行使其权利；欧式权证持有人只能在权证到期日行使其权利。欧式权证的行权期限只有一天，美式权证的行权期限为自上市开始后所有的交易时间。百慕大式权证的行权期限既不是天天，也不是一天，而是一段时间。即权证投资者可以在一段时间内行使权证所赋予的权利。

2. 权证的基本要素：

（1）发行人。股本权证的发行人为标的上市公司；备兑权证的发行人为标的公司以外的第三方，一般为券商。

（2）到期日。到期日是权证持有人可行使认购（出售）权利的最后日期。该期限过后，权证持有人便不能行使相关权利，权证的价值也变为零。

（3）执行方式。在美式执行方式下，持有人在到期日以前的任何时间内均可行使认购权；而在欧式执行方式下，持有人只有在到期日当天才可行使认购权。

（4）认股价（执行价）。认股价是发行人在发行权证时所订下的价格，持证人在行使权利时以此价格向发行人认购标的股票。

（5）交割方式。交割方式包括实物交割和现金交割两种形式，其中，实物交割指投资者行使认股权利时从发行人处购入标的证券；而现金交割指投资者在行使权利时，由发行人向投资者支付市价高于执行价的差额。

（6）认购比率。认购比率是每张权证可认购正股的股数，如认购比率为0.1，就表示每10张权证可认购1股标的股票。

（7）杠杆比率。杠杆比率是正股市价与购入一股正股所需权证的市价之比，即：杠杆比率=正股股价/（权证价格÷认购比率）。杠杆比率越高，投资者盈利率也越高，承担的亏损风险也越大。

资料传真

中国水业集团配售2.6亿份非上市认股权证

中国水业集团（01129.HK）公布，拟发行最多2600万元的2.6亿份非上市认股权证。每份认股权证的发行价为0.1元，每份认股权证初步行使价为1.9元，若按每份认股权证发行价0.1元加上初步行使价1.9元（共2元），及股较昨日（1日）收市价溢价14.94%。而认购权将可于认股权证发行日期起18个月期间内行使。

发行认股权证所得款项总额及所得款项净额，估计分别约2600万元及约2450万元，公司现拟用作未来业务发展。待认股权证所附带的认购权被全数行使时，公司将额外收取所得款项总额约4.94亿元。公司现拟将该所得款项约20%用以偿还债务，70%用作未来业务发展，10%拨作一般营运金。

公司将不会申请认股权证上市，但将向联交所申请批准因认股权证所附带的认购权被行使，而将配发及发行的股份上市及买卖。

（资料来源：阿思达克财经网，2015年4月2日。）

3. 权证的价值分析。权证价值由内在价值和时间价值两部分组成。

（1）内在价值，又称底价，即标的股票与行权价格的差价。在不考虑稀释效应的情况下，其底价可以表示为：

$$V_w = q \times (P_0 - K)$$

式中，V_w为认股权证的内在价值；q为每份认股权证可以认购的普通股数量；P_0为普通股当前的市场价格；K为认股权证认购公司股票时的认购价格（执行价格）。

（2）时间价值，是当市场价格高于内在价值时，两者之差。代表持有者对未来股价波动带来的期望与机会，影响因素为时间长短，其公式为：

认股权时间价值=市场价格-内在价值

一般来说，期限越长，股票价格变动性越大，在有效期内标的股票价值越高，认股权证时间价值越高。

资料传真

投资权证：一夜暴富或血本无归

昨日，沪深交易所推出《权证管理暂行办法》，正式宣告权证交易在中断近10年之后，重新在内地股市登场。

1992年6月，沪市推出了我国第一个权证——大飞乐配股权证，此后相继有十几种权证在沪深证券交易所上市交易。但是到了1996年年底，管理层出于“抑制过度投机”的目的，取消了所有的权证交易。权证此番为何重新登场呢？深圳证券交易所有关负责人告诉记者：“此次重新推出权证交易是为了配合股权分置改革，也是顺应金融改革与创新的大势所趋，因为世界上各大交易所在金融衍生品的开发方面竞争十分激烈。”

权证的高度投机性表现在它的涨跌幅限制上。一天之内权证的跌幅可以远远超过股票。反之，权证的涨幅也可以超过股票。在资本市场上，高收益总是伴随着高风险。

当记者提出“如何避免历史上曾经出现的权证交易被过度投机操纵，权证价格严重背离其价值的现象”时，上述负责人表示：“交易所将加强一线监管。对权证交易价格剧烈波动或者严重背离标的证券的交易价格，及时检查、专项监控；对异常交易中的相关机构，将口头警告、约见谈话；对出现重大异常交易情况的证券账户，可限制权证交易等；如存在内幕交易或市场操纵嫌疑，将上报证监会立案查处。”

一位资深市场分析师认为：“权证是把双刃剑，可让人一夜暴富，也可让人一贫如洗。比如宝钢股改即将发出的权证，其行权价为4.50元，如果12个月之后宝钢股价跌至4.50元以下，宝钢权证的价值理论上就是负数，投资权证的人将血本无归。”

（资料来源：东方网，2009年7月18日。）

三、可转换债券与认股权证的联系和区别

1. 二者之间的联系。它们都代表一种股票期权，都能使持有者拥有股票，并且都是附着于股票或优先股发行的。

2. 二者之间的区别：

（1）认股权证可以脱离公司债券或优先股单独交易，而可转换债券则不能。

（2）认股权证在执行时用现金购买股票，而可转换债券在转股时是用债券交换公司普通股票。

（3）两者在发行和转换时在税收等方面的困难也会有所差别。

网络链接

搜集我国目前未到期的可转换债券相关信息，可参见上海证券交易所（www.sse.com.cn）和深圳证券交易所（www.szse.cn）网站。

任务讨论

结合相关资料，请分享附认股权证公司债券和可转换债券的异同。

项目小结

本项目主要介绍了证券投资价值分析的基本概念和主要方法，运用实操案例演练股票、债券、基金、可转换债券和权证的投资价值分析，据此判断证券的投资价值和投资机会；同时，通过实操案例演示证券价值投资分析中信息收集的途径，以树立“信息工作为证券投资实践服务”的理念，达到了本项目的学习目的。

本项目重点是证券的估值分析和价值判断。

本项目难点是证券估值的计算方法。

项目作业

一、填空题

1. 所谓投资理念，就是投资者对证券投资所抱的基本（　　）和（　　）。

2. 常见的证券投资分析方法有两种，即（　　）和（　　）。

3. 市场信息是进行股票投资分析的基础，包括（　　）、（　　）和（　　）。

4. （　　　　　　）= 股价/每股收益。

5. 浦发银行（600000）2014 年估计每股收益 2.53 元，2014 年 7 月 24 日股收盘价为 9.32 元/股，贴现率为 3.24%，估算 1 年后的每股内在价值是（　　）。

6. 无风险利率上涨，债券收益率（　　），债券价格（　　）。

7. 某投资者将 1000 元投资于年息 8% 为期 3 年的债权，采用复利计算此项投资的终值是（　　）。

8. 按资金投资目标分类，基金可分为（　　）、（　　）和（　　）。

9. 作为一种有价证券，可转换债券具有（　　）、（　　）和（　　）等三个特点。

10. 按照权利的不同，权证可以分为（　　）和（　　）。

二、判断题

1. 基本分析法着重分析股市的短期波动，技术分析法主要分析股市的长期变动趋势。（　　）

2. 净资产收益率与股价一般存在正相关，即净资产收益率增长，股价上涨。（　　）

3. 市盈率（PE），指的是现时股价与每股净资产的比率。（　　）

4. 信用程度越低的债券，投资者要求的收益率越高，债券的内在价值也就越低。（　　）

5. 所投资债券的币种币值下降，债券内在价值下降。（　　）

6. 封闭式基金不能全部用来投资，更不能把全部资本用作长线投资。（　　）

7. 债券基金在整个基金市场中属于低风险的安全基金。（　　）

8. ETF 属于被动型基金的一种。（　　）

9. 权证的内在价值是指当市场价格高于内在价值时，两者之差。（　　）

10. 认股权证和可转换债券都可以脱离公司债券或优先股单独交易。（　　）

三、简答题

1. 为什么要进行证券投资价值分析？
2. 基本分析和技术分析各有什么特点？
3. 影响股票投资价值的因素有哪些？
4. 如何自下而上筛选股票？
5. 债券投资价值与其内、外部因素的关系如何？
6. 怎样通过基金管理投研团队进行投资基金价值分析？
7. 可转换债券与认股权证的联系与区别有哪些？

【技能训练】1－1

实训项目	证券价值分析
实训任务	选择一只股票、债券或基金，面向同学介绍证券价值分析所要搜集、整理的公开信息因素，并进行简要分析
实训目的	锻炼学生运用了解基本分析、技术分析对证券进行估值判断的影响
条件要求	开通互联网的证券实验室（配有投影仪）
资料准备	第一，教学课件及相关文图资料 第二，向学生提供主要的证券机构网址或者由学生进行搜索获得
考核要求	完成无纸化实训报告，做好 PPT 汇报材料
实训过程提示	第一，说明本次实训的任务与目标 第二，说明实训报告填写的基本框架 第三，提示学生收集资料的主要途径 第四，对学生进行分组，要求每组指定一名同学以 PPT 的形式做好上讲台汇报准备 第五，组织、指导学生实训 第六，请一至二组的同学代表介绍证券价值分析所要运用的方法、理念和结论。

续表

实训报告	

项目二

2 学习证券投资基本分析

知识目标

□ 明确证券投资基本分析的含义，了解影响证券价格的各种因素

能力目标

□ 能够运用证券投资基本分析给各种证券估值

任务一
认识基本分析

任务导入

证券的价格每天都在变动，正如我们可以在股票交易软件上看到的那样，高的可能更高，低的可能更低，到底在什么价位买入才能赚钱呢？究竟依据什么买卖股票呢？这就首先需要运用基本分析，找到证券的内在价值。

知识准备

一、基本分析的含义

基本分析又称基本面分析，是指证券投资者根据投资学的基本原理，对诸如宏观经济指

标、经济政策调整、行业发展状况、公司经营和财务状况等影响证券价值和价格的因素进行分析，评估证券的内在价值，然后利用市场价格波动，在市场价格低于内在价值（价值被低估）的时候买进，在市场价格高于内在价值（价值被高估）的时候卖出，从而赚取买卖差价的一种投资分析方法。

知识问答

小明提问：投资者为什么要掌握一定的证券投资基本分析法呢？

回答：证券市场价格是不确定的。比如股票，它代表的是上市公司的股份，对应的是上市公司的资产和业务。在一段时间内，企业的资产和业务没有发生太大的变化，但是股票市场交易价格却发生了剧烈的波动，最低的时候可能只有几元钱，最高的时候可以达到几十元。这种因投资者情绪变动而引起的证券交易价格波动是周期性出现的，常会造成投资者无所适从。这个时候，需要运用证券投资基本分析法，评估证券的内在价值，从而为投资决策提供依据。

二、基本分析的理论基础和内容

1. 基本分析的理论基础。任何金融资产在其资产和业务相对稳定的情况下，都有一个相对确定的“内在价值”。证券的价格是由其内在价值决定的，价格受政治、经济、心理等诸多因素的影响而频繁波动，很难与价值完全一致，但总是围绕价值上下波动。理性的投资者应根据证券的价格与价值的关系进行投资决策，这种投资模式也被称为“价值投资”。

投资箴言

我认为投资专业的学生只需要两门教授得当的课堂，如何评估一家公司，以及如何考虑市场价格。

——沃伦·巴菲特

2. 基本分析的主要任务。基本分析有两项主要任务：一是评估证券的内在价值，其作用是为判断证券市场价格的高低确立一个参照标准。二是因素分析，即通过对与证券价格存在逻辑联系的各种影响因素的分析，探索证券价格决定及其变动的内在原因，并在此基础上对证券价格的未来走势做出判断。

知识拓展

证券的估值

按金融学理论，任何金融资产（包括证券）的“内在价值”等于这项资产的所有预期收益流量的现值。

例如，某投资者花了30万元购买了一栋房子，然后出租出去，如果每年可以得到8万元租金，能租出去5年的话，就获得了40万元租金流入；能租出去10年的话，就能获得 80 万元租金流入。这项资产的内在价值以 5 年计算的话就是 40 万元，以 10 年计算的话就是 80 万元。

但这里有一个问题，我们没有考虑货币贬值的问题，比如假定 1 年期定存利率为 3.0%，你存入 100 元，明年可以获得 103 元，这说明了明年的 103 元仅相当于今年 100 元的购买力，也就是说，明年的 103 元是今年的 100 元的折现值，计算公式是 103/1.03 = 100 元。推而言之，明年的 100 元相当于今年的多少钱呢？100/1.03 = 97.08 元，后年的 100 元相当于今年的多少钱呢？$100/1.03^2 = 94.26$ 元。

从这里我们发现，如果只打算出租 5 年的话，该投资者能拿到的租金折现值为 36.64 万元，显然 30 万元的购买价格对于 5 年的内在价值 36.64 万元是合理的。而如果打算出租 10 年的话，能拿到的租金折现值为 68.24 万元，显然 30 万元的价格对于 10 年的内在价值 68.24 万元是低估的。

3. 决定和影响证券价格的因素。决定和影响证券价格的因素很多，按照不同的标准，可以划分为不同的种类。如按内容分，有政治、经济、社会、自然、政策、战争、市场、心理因素等；按层次分，有宏观经济、行业与板块、企业等多个层面的因素；按地域分，有国内、国际因素；按发生时间分，有已发生、正在发生和将要发生的因素；按影响广度分，有影响整个市场、影响局部市场和影响个别证券价格的因素；按信息的充分程度分，有确定性、不确定性和风险性因素；按对价格变化方向所起作用不同分，有利多、利空、中性等因素。

我们通常把影响证券价格走势的因素分为两大类：

第一类是经济因素，具体又分为三种：第一种是宏观类影响因素，诸如经济增长、经济周期、经济政策等，第二种是中观类影响因素，包括行业与板块、生命周期等，第三种是微观类影响因素，主要指公司经营及其财务状况。

第二类是非经济因素，包括国内、国外政治因素、不可抗拒的自然力、心理因素等。基本分析的主要内容就是由上到下，从宏观到中观再到微观进行分析的过程。

投资箴言

正确对待波动是成功投资的试金石。古典的“聪明投资者”的定义是“在其他人都抛售的熊市中购入，在其他人都购入的牛市中抛出的人”。

——本杰明·格雷厄姆

任务二
感知宏观经济分析

任务导入

基本分析需要使投资者了解各种宏观经济因素对证券价格的影响，这就需要分析包括国内经济形势、经济政策、国际经济环境等要素构成的证券投资宏观环境。

知识准备

一、国内经济形势

（一）经济周期

经济发展一般会经历“复苏—繁荣—衰退—萧条—再复苏”的循环过程。当经济萧条时，需求降到谷底，企业利润也处在谷底，政府往往会采取措施刺激经济增长，进入经济复苏阶段；随着经济复苏，需求快速增加，销售大幅增长，企业利润上升很快；经济的发展带来了乐观情绪，消费者消费意愿和企业投资意愿增强，企业利润高速增长，进入繁荣时期；由于供给和需求大幅增加，引发了通货膨胀，生产成本上升，抑制了消费需求，企业销售和私人投资减少，经济开始衰退，企业利润急剧下滑；衰退后期失业率上升，收入下降，民生艰难，进入萧条阶段；此后，政府采取各种措施刺激经济增长，减缓了经济下行的程度，经济开始缓慢复苏，进入下一个周期。

经济周期对企业利润和证券价格的影响是全面的，即所有行业均受经济周期的影响，但不同行业所受影响程度不同。一般而言，房地产、金融行业受经济周期的影响比较大，而食品、医药行业受经济周期的影响比较小。

进行经济周期分析，首先要具有宏观资料和政策信息，正确判断当前经济发展处于经济周期的哪个阶段，据此来对证券价格的未来走势进行判断。

资料传真

中国1月官方制造业PMI基本平衡　2017年经济开局良好

中国国家统计局和物流与采购联合会（CFLP）周三（2月1日）联合公布数据显示，中国1月官方制造业和非制造业采购经理人指数（PMI）基本平稳，其中制造业PMI连续两月回落，而非制造业PMI则略有回升。这显示中国经济2017年开局良好，延续缓中趋稳、稳中向好基本态势。

不过，上游产品价格上涨快、企业生产成本增加多、产成品价格上涨难、企业盈利空间缩小等当前经济运行中的问题仍需关注。

具体数据显示，中国1月官方制造业PMI报51.3，略高于调查预估中值51.2，但仍为连续两个月走低；1月官方非制造业商务活动指数微升至54.6，2016年12月为54.5。读数高于50意味着扩张。

制造业PMI较2016年12月份略微回落，可能和季节性因素有关，长达一周的春节假期通常会对年初的经济数据产生影响。今年，春节假期从1月27日开始，全国各地的工厂因此歇业。

（资料来源：FX168财经网，2017年2月1日。）

（二）国内生产总值及增长速度

一般来说，国内生产总值（GDP）的持续稳定增长表明国民经济的良性发展，人们有理由对经济产生良好的预期，此时社会需求旺盛，企业效益较好，股价上涨。但并不能简单地认为随着国内生产总值（GDP）的增长，证券价格就一定会出现上升的走势。例如，我国从2001年至2005年修正后的国内生产总值（GDP）增长率分别为8.3%、9.1%、10%、10.1%、9.9%，经济增长速度不可谓不快，但与此同时，我国上证指数不增反降，从2001年初的2079.65点下降到2005年底的1154点。因此，判断国内生产总值（GDP）与证券价格走势的关系，关键是要看国内生产总值（GDP）的变动对各种经济因素（或经济条件）的影响是有利的还是不利的。一般来说，持续、稳定、高速的GDP增长将引起投资者对经济形势的良好预期，投资积极性提高，上市公司总体利润持续上升，个人收入提高，证券需求增加，最终证券价格上升。而失衡条件下的GDP高速增长，则会导致社会总需求大于总供给，物价上涨速度过快，企业生产成本增加，居民实际收入水平下降，证券价格下跌。

（三）通货膨胀

与经济增长对证券价格的影响一样，通货膨胀对证券投资，尤其是股票投资的影响，也没有一成不变的规律，必须结合以下因素进行综合分析：（1）该时期通货膨胀的原因以及程度；（2）当时的经济结构和形式；（3）政府可能采取的措施等。通常情况下，温和、稳定型的通货膨胀对股价影响较小，适度的通货膨胀会使经济处于景气阶段，此时由于商品价格的上升将提高企业的利润，上市公司的股价将持续上涨。而严重的、恶性的通货膨胀则会造成股市的恐慌，导致股价下跌。

资料传真

CPI数据昨日刺激A股大涨

据国家统计局昨日公布的数据显示，3月居民消费价格指数（CPI）同比上涨2.3%，涨幅和上月持平。此前，多数市场人士认为在猪肉价和蔬菜价近期持续上涨的背景之下，通胀预期会回升，该数字可能会上涨到2.5%。

与此同时，3月份全国工业生产者出厂价格（PPI）环比上涨0.5%，同比下降4.3%。其中，PPI环比增幅是两年来首次出现正增长，同比降幅则进一步有所收窄。

受到这两个数据鼓舞，昨日上证指数、深证成指均高开出场，之后双双一路振荡走高，收盘时，上证指数重回3000点以上，报3033.96点，涨1.64%；深证成指报10609.60点，涨1.88%。从盘面上看，基因测序、医疗器械、细胞治疗、钢铁、医疗美容等五大板块涨幅居前，分别大涨5.43%。在商品期货方面，几乎全线大涨，其中橡胶、焦炭涨停，螺纹、沥青、铁矿石等涨幅均达到3%以上。

（资料来源：信息时报，2016年4月12日。）

此外，利率水平、收入状况、就业水平、国际收支等经济指标也会影响证券价格的波动。一般来说，一国的经济处于稳定增长的状态，总是表现为国内生产总值保持一定的增长速度、就业水平高、失业率低、物价上涨保持在一定范围内、国际收支基本平衡，此时证券市场的行情一般较好，反正则相反。

以我国改革开放以来的实际情况看，只要国内生产总值能保持7% ~8%左右的增长速度，就能使资源得到充分利用、城乡居民收入稳步提高、失业率降低、物价温和增长、整体经济呈现出稳步增长的态势。如果国内生产总值增长过快，则会引起物价上涨过快、城乡居民购买力下降的情况，并会很快转入萧条状态、物价下降、失业率攀升、收入下降、GDP增长速度下降、企业利润减少。

二、国家经济政策

国家经济政策是由政府根据本国经济发展情况及经济发展潜力制定的，是引导经济发展的重要因素。投资者可以根据国家经济政策的方向来把握投资的方向和机会。一般来说，一国能够直接或间接影响经济变动的政策主要有财政政策、货币政策、收入政策和汇率政策。

财政政策是通过调整政府支出、税率、国债发行规模等手段来调节宏观经济运行。通常可分为扩张性的和紧缩性的两大类，扩张性的财政政策一般指增加政府财政支出、降低税率、扩大减免税的范围、增加政府转移支付等，而紧缩性的财政政策则相反。扩张性的财政政策能够增加社会总需求和总供给，刺激经济增长，增加企业盈利，最终会引起证券市场价格走强。紧缩性的财政政策则会减少社会总需求和总供给，使得过热的经济增长受到抑制，减少企业盈利，从而使证券市场走弱。

货币政策是指通过利率、信贷规模等政策来影响货币供求，调节经济运行。货币政策的变动，集中反映在货币供给量和利率水平的变动上。货币政策工具分为一般性政策工具（包括法定存款准备、再贴现、公开市场业务等）和选择性政策工具（包括直接信用控制、间接信用指导等）。货币政策一般也分为扩张性的和紧缩性的两种。降低法定存款准备金率、降低再贴现率、在公开市场上买入证券、增加货币供给量、放松信贷控制属于扩张性的货币政策，而提高法定存款准备金率、提高再贴现率、在公开市场上卖出债券、减少货币供给量、提高利率、加强信贷控制等属于紧缩性的货币政策。扩张性的货币政策一般会增加社会总需求，同时也会增加对证券的需求，有利于证券价格上升，但是货币供给太多又会引起严重的通货膨胀，对证券价格走势产生反作用，紧缩性的货币政策则会导致证券价格下降。

资料传真

国务院加快发展现代职业教育　上市公司受追捧

数以亿计的现代职业教育市场“蛋糕”巨大，其产业发展前景十分诱人。6月22日，国务院印发了《关于加快发展现代职业教育的决定》，对于加快经济转型、促进产业升级具有十分深远的意义。受这一利好消息刺激，近期职业教育概念股持续大涨，龙头股陕西金叶（000812）本周已是5连板。在龙头股示范效应下，职业教育相关概念股遭到市场热炒，陕西金叶、西安饮食（000721）、武汉凡谷（002194）、罗牛山（000735）等多只涉足职业教育的概念股今日齐刷刷涨停。

（资料来源：同花顺财经，2014年6月27日。）

汇率政策对证券价格的影响主要体现在汇率变动会对进出口企业的成本和收益产生影响。汇率上升，本币对外贬值，本国产品出口竞争力增强，出口型企业受益，其证券价格会上扬；相反，进口型企业将因成本增加而受损，此类公司的证券价格将因此而下跌。此外，还会导致国际资本流出本国，使本国的证券市场需求减少，价格下跌。而汇率下跌的情形则相反。

三、国际经济环境

在国际经济往来愈加频繁的今天，各国经济密切相联，一国的经济变化会对与其相关的国家产生影响。对外开放程度越高，对外依赖性越强，证券价格受这种影响也就越大。

资料传真

美国经济数据大幅逊于预期　欧美股市快速走低

美国刚刚公布的经济数据大幅不及预期，其中，美国8月就业市场状况指数（LMCI）录得 -0.7，再度转为负数，预期值为0，前值为1。美国8月ISM非制造业指数51.4，创2010年2月份以来新低，大幅不及预期的55，7月为55.5。

数据公布后，美元短线大幅跳水，黄金强势拉升，美股转跌，欧洲股市同步下挫。

（资料来源：东方财富网，2016年9月6日。）

任务三
理解非经济因素分析

任务导入

2014年6月基地组织分支的逊尼派反叛武装占领了伊拉克第二大城市摩苏尔，伊拉克暴力冲突加剧，致使国际原油价格升至九个月高位，全球多只油企股出现暴跌，因此，诸如战争、环保、天气等不可抗力因素对证券市场有着直接或间接的影响，在估值时应作为考虑的重要因素。

知识准备

影响企业估值的非经济因素主要有国际、国内政治因素、不可抗力因素和心理因素等。

一、国际政治因素

当前国际政治秩序是以美国为主导的，各国凭借其政治、经济、军事实力参与的一个博弈的机制。我国经济已经是开放的市场经济，对外依存度超过60%，对美国、欧洲、日本及其他市场有很大的依赖性。其中，对外技术依存度高达50%以上，原油对外依存度目前已经达到了51.3%，铜矿进口量占世界的40%，铁矿石对外依存度也高达60%以上，植物油对外依存度也上升至60%以上，外商投资企业不光在中国出（进）口方面完全占据了主导，而且作用也日益增大。因此，国际政治因素对我国经济的影响较大。

知识问答

小明提问：什么是对外依存度？

对外依存度是各国广泛采用的一个衡量一国经济对国外依赖程度的指标，是用一国进出口总额除以该国的GDP。对外依存度受经济发展阶段、经济规模和经济发展战略等多种因素影响。从美国、日本等发达国家的经济发展史可以观察到，它们的外贸依存度都经历了由低到高、再由高到低的变化。发达国家中可贸易程度较小的第三产业占有较高比重，因此它们的外贸依存度通常不高。相比之下，处于工业化进程中的中国由于第二产业比重大，产品在国际市场上具有一定的竞争力，进出口额都比较高，所以外贸依存度较高。

二、国内政治因素

国内政治因素对本国的经济会产生更直接更具体的影响。特别是我国有中国特色的社会主义政治制度正处于发展和完善的过程之中，政府对于经济的干预相对是比较强的。例如，在中国没有十一届三中全会就没有改革开放，就没有今天中国经济的蓬勃发展，更不会有证券市场和证券投资的兴起。

资料传真

上交所成立始末

（口述者：龚浩成，原上海证券交易所筹建“三人小组”成员、时任中国人民银行上海分行行长）

1990年12月19日，上海外滩北侧黄浦路15号浦江饭店孔雀厅的一声鸣锣，不仅意味着上海证券交易所的诞生，更标志着资本市场也是能够为社会主义中国服务的。

现在想起来，如果地方没有朱镕基，中央没有刘鸿儒，上海证券交易所是搞不起来的，我们也是顶不住的。

20世纪80年代初，“姓社姓资”的种种争论依然弥漫在那个时代。对于很多从文革思维中走出来的人而言，设立股份制公司、发行公司股票、成立股票交易所，简直是天方夜谭，甚至是会犯政治错误的冒险之举。

1986年，人民银行组织了全国13个分行的行长专门到日本野村证券进行为期一个月的学习，团长是蔡鄂生（时任人民银行金融管理司干部），费用全部由野村证券承担。我也去了，当时我就意识到，资本市场是市场经济的必然产物，或早或晚都是要出现的。我带回了大量资料，整整两大箱子，为日后成立上海证券交易所、建章立制提供了宝贵的参考。

小平送纽交所主席一张中国股票

发行股票是一个轮子，股票交易是另一个轮子。1984～1986年，国家体改委已经着手探索企业的股份制改革试点，上海是试点城市之一。时任上海市市长的汪道涵曾经三、四次参与股份制改革研讨会，我也参与其中。而继任市长江泽民很开明，在他亲自叮嘱下，才有了飞乐音响和延中实业这两支股票的诞生。

真正让国际社会觉察到中国改革势不可挡的是一次“举世闻名”的礼尚往来。1986年11月，美国纽约证券交易所主席约翰·凡尔霖来华访问，在与邓小平会见时把纽交所的徽章赠送给邓小平，而邓小平以一张飞乐音响（小飞乐）股票作为回赠。

（资料来源：中国网 china. com. cn，2009年9月28日。）

三、不可抗力因素

不可抗力既可以是指自然原因酿成的，也可以是人为的、社会因素引起的非可以预料的因素，如地震、水灾、旱灾、战争、政府禁令、罢工等。2008年5月12日下午2点28分，四川汶川发生里氏8.0级强烈地震，截至5月20日，125家A股上市公司披露了地震灾害影响情况，受影响较大的公司有43家，其中川渝地区公司占22家。四川上市公司经济损失逾7亿元，20家公司部分生产项目停产，地震波及18个省，据中石油披露，此次汶川大地震使得公司的直接经济损失超过17亿元。

四、心理因素

投资人在受到各个方面的影响后产生心理状态改变，往往导致情绪波动，判断失误，做出盲目追随大户、狂抛抢购行为，这往往也是引起股价狂跌暴涨的重要因素。

知识拓展

博傻理论

博傻是指在高价位买进股票，等行情上涨到有利可图时迅速卖出，这种操作策略通常被市场称之为傻瓜赢傻瓜，所以只能在股市处于上升行情中适用。从理论上讲博傻也有其合理的一面，博傻策略是高价之上还有高价，低价之下还有低价，其游戏规则就像接力棒，只要不是接最后一棒都有利可图，做多者有利润可赚，做空者减少损失，只有接到最后一棒者倒霉。

博傻理论是指在资本市场中（如股票、期货市场），人们之所以完全不管某个东西的真实价值而愿意花高价购买，是因为他们预期会有一个更大的笨蛋会花更高的价格从他们那儿把它买走。博傻理论告诉人们的最重要的一个道理是：在这个世界上，傻不可怕，可怕的是做最后一个傻子。

任务四 了解行业性质与企业生命周期分析

任务导入

我国赚钱最多的企业是哪一家？盈利能力最强的企业是哪一家？它们为什么这么强，是因为它的管理水平高还是有其他原因？

知识准备

一、行业性质

（一）行业的市场结构分析

根据市场竞争程度的不同，可以将行业分为完全竞争、完全垄断、垄断竞争和寡头垄断四种类型。

1. 完全竞争。完全竞争是指由于许多企业生产同质产品而形成的市场类型。在该种市场上，厂商数目众多，生产的产品没有任何差别，没有一个厂商能够决定产品的价格，所有厂商都是价格的接受者，并且厂商进出市场很容易，资源能够充分地自由流动，例如农产品市场。但是在现实生活中，这种市场类型是比较少见的。

2. 完全垄断。完全垄断是指一家企业生产某种特质产品而形成的市场类型。在该种市场上，市场由一家企业控制，生产的产品无任何替代品，产品的价格很大程度上由企业自主决定，但常常会受到政府的管制，一般厂商无法进入该行业，例如城市自来水、电力等公共事业。

3. 垄断竞争。垄断竞争是指许多企业生产同种但不同质的产品而形成的市场类型。零售业一般都属于这一种。在该种市场上，厂商数目较多，生产的产品有些差别，所以单个厂商对产品的价格有一定的控制能力，厂商进出该行业比较容易。

4. 寡头垄断。寡头垄断是指少数几家企业在某种产品的生产中占据很大市场份额的市场类型。该种市场由少数几个厂商控制，生产的产品有差异或差别不大，各厂商对产品的市场价格具有一定的垄断能力，由于成本较高、技术要求过硬等原因，一般厂商进出该行业不是很容易，例如汽车制造业。

通过研究市场类型，投资者可以分析企业所处行业的市场情况，从而对在行业中处于领先地位，并且能够获取垄断利润的一些公司给予重点关注，例如寡头垄断和完全垄断市场类型中的垄断性公司。

资料传真

2016 最赚钱的上市公司，除了四大银行，就数它了！

对于一家上市公司来说，净利润是判断公司全年赚钱能力的重要指标。在沪深两市共计2844家上市公司中，哪家公司的净利润最高，哪家就是最赚钱的公司。哪些公司最赚钱呢？

大型国企是最赚钱公司主流，其中在最赚钱上市公司中的前十名中，有9家是银行！

其中，工商银行2015年净利润2777亿元，位居第一，2016年上半年净利润1502亿元，超出建设银行168亿元，基本锁定2016年最赚钱上市公司，拔得头筹。自从2009年起，工商银行就一直稳居不下，至今已蝉联7年！“宇宙第一银行”果然不是浪得虚名！

在最赚钱上市公司中的前十名中，仅有一家公司不是银行，它就是——中国平安。在九家银行的陪衬下，比较独树一帜。不过，中国平安和银行都属于金融行业，难怪金融业仍然是中国最赚钱的行业！

（资料来源：今日头条，2017年1月3日。）

（二）行业与经济周期分析

行业在经济周期中的行为方式可分为以下三类：

1. 增长性行业。增长性行业的销售和利润独立于经济周期而超常增长，即使经济处于衰退期，该行业的销售和盈利也会增加，例如医药行业。

2. 防御性行业。防御性行业在经济周期的上升和下降阶段经营情况都很稳定，其销售收入和利润变化不大，例如公共事业和食品业。

3. 周期性行业。周期性行业的收益随经济周期的变化而变化，当经济繁荣时，其盈利水平增加，而当经济衰退时，其盈利水平降低。例如钢铁行业和资源类行业。

投资者可根据行业的经济周期特点，在不同的经济周期选择不同的公司进行投资，这样，即使处于熊市，也能获取收益。

资料传真

煤炭行业：煤价股价双双筑底

自2011年年底我国煤价下跌以来，煤炭行业一直低迷运行，煤价大幅跳水。今年上半年，已经历长达两年多寒冬的煤价没有盼来春天，反而迎来更冷的寒冬。

2014年上半年，国内煤炭价格大幅回落，重回底部区域，煤炭产量出现负增长，国际煤价持续低迷，动力煤价格再创近年来的新低，受伊拉克内战升级影响，国际原油价格明显反弹；煤炭下游行业增速全面回落至5%以内，对煤炭需求减弱；受煤炭需求疲弱影响，我国煤炭进口量累计同比首次出现自2008年以来的负增长；国内煤炭库存居高不下，重点煤矿库存创出新高，去库存压力加大；剔除中国神华的影响，煤炭上市公司2013年全年和2014年一季度业绩普遍下滑50%以上。总体来看，煤炭行业基本面目前处于盘底阶段。

一方面，随着能源革命的进行，消费结构的调整成为必然。习近平主席提出“推动能源体制革命，还原能源商品属性”，并就推动能源生产和消费革命提出5点要求，为我国能源行业未来发展定下了基调。我国将通过非化石能源和天然气替代煤炭，实现能源消费结构的调整，未来煤炭在我国能源消费结构中的占比将下降，煤炭消费增速可能下降至1%以内，几无增量。

另一方面，能源进口压力增大，总体成本上升。我国通过天然气替代煤炭，将大量进口天然气，假设石油在消费中占比不变，初步估算，到2017年，我国石油、天然气的进口依存度均将超过50%，石油为64.76%，天然气为52.82%，我国能源总体成本将上升。

此外，环保压力也会对煤炭需求造成负面影响，煤炭需求无大的改观。我们预计下半年煤炭价格仍将会在底部徘徊，煤炭行业经营环境不容乐观。

（资料来源：腾讯财经，2014年6月28日）

二、行业生命周期分析

每个行业都有其自身的生命周期，一般都会经历初创期、成长期、成熟期和衰退期四个阶段（见图2－1）。

1. 初创期。初创期是行业生命周期中风险最大的阶段，产品的市场接受度使人怀疑，商业战略的实施不够清晰。此时，公司股价波动较大，投机性较强，该时期出现了许多破产事件。

2. 成长期。在成长期，产品已被接受，业务拓展开始，销售额和盈利加速增长。这时，上市公司的股份不断上升，但商业战略的正确实施仍是一个问题。

3. 成熟期。成熟期是行业发展的巅峰阶段，通过激烈的竞争生存下来的少数大厂商基本上垄断了整个行业的市场，每个厂商都占有一定比例的市场份额。在这个时期，产品的销售额在缓慢上升，但产品价格逐步降低。因而公司利润也不断下降，导致公司股价缓慢下跌。

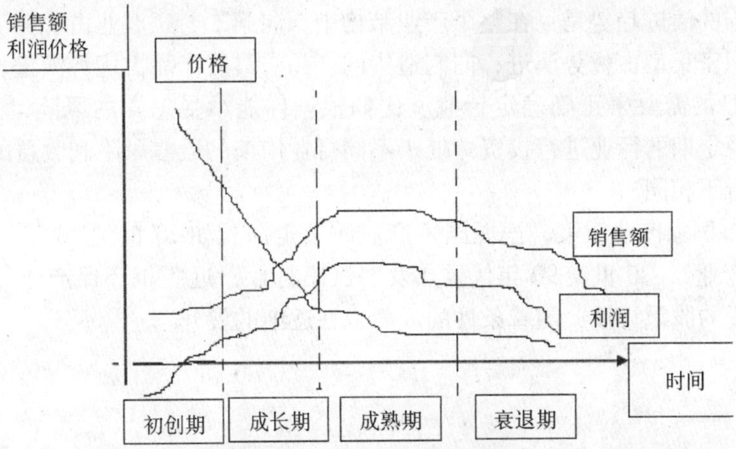

图 2－1　行业生命周期

4. 衰退期。这是行业生命周期的最后一个阶段，该阶段消费偏好的改变和新技术的出现使产品的需求持续下降，导致产品价格下跌，利润降低。此时，上市公司股价下跌，股票投资者很可能遭受亏损。

一般而言，投资者可以选择处于初创期或成长期的行业股票进行投资。因为这些上市公司的发展潜力较大，其股份上涨空间亦较大，投资者由此可获取丰富的长期投资收益。

资料传真

951 家上市公司 2016 年业绩预喜　新能源汽车产业链前景向好

截至 1 月 8 日晚记者发稿，沪深两市有 1315 家 A 股上市公司发布 2016 年全年业绩预告，预喜公司有 951 家，占比约 72%，其中 209 家公司预计全年净利润同比增长 1 倍以上；预降公司有 286 家，占比约 22%；表示业绩不确定的公司有 78 家，占比约 6%。从行业看，周期性行业、新能源汽车产业链公司表现较好。

业内人士表示，有些行业则是受国家政策扶持，带动整个产业链持续向好，其中新能源产业链最明显。如多氟多预计 2016 年度归属于上市公司股东的净利润同比增长 1200%～1250%，因传统氟化盐市场企稳回升，以六氟磷酸锂为代表的电子化学品需求旺盛，量价齐升，带来较好经营效益。

六氟磷酸锂用于锂电池电解液中的电解质，市场需求大幅上升是由于锂电池需求快速增长，背景则是国家对电动汽车的大力支持。

相关人士认为，尽管目前新能源汽车快速增长，但因在汽车总量中占比较小，其未来增长空间巨大。其中动力电池及其相关材料是关键环节，电池作为新能源汽车的核心部件，将迎来高速发展，包括锂电池和三元电池及相关材料。

（资料来源：中国证券报－中证网，2017 年 1 月 9 日。）

三、对行业投资的选择原则

1. 顺应行业结构演进的趋势，能有效地把握证券市场的主流，选择有潜力的行业进行投资。产业结构的演进趋势是：在整个产业结构中，向第二、三产业占优势演进；向资本密集型、技术知识密集型占优势演进；向制造中间产品、最终产品占优势演进。

2. 根据自己的需要来正确确定行业。比如根据你能承受怎样的风险，选择是初创期、成长期，还是稳定期的行业进行投资。处于不同行业周期的股票风险和收益的特点不同，适合的投资群体也不相同。

3. 正确理解国家产业政策，把握国家产业政策走向。如20世纪80年代我国重点发展重工业（化工产业），20世纪90年代重点发展汽车行业，近些年环保产业、高科技产业和现代农业等行业的股票行情，随着条件的成熟也在逐渐的展开。

任务五
学会公司因素分析

任务导入

俗话说，同行不同利。片仔癀和精华制药都是从事传统中药生产的企业，哪个企业的估值更高一些？你能说出其中的原因吗？

知识准备

投资者进行证券投资，必须对上市公司进行认真的分析，因为上市公司的信誉和经营情况是决定证券价值的根本。通过公司分析法投资者能够筛选出有发展前途的、较好成长性的、风险相对较小的公司。因此，公司分析是基础分析中最为重要的内容，它关系到投资的成败。下面主要从上市公司基本因素和财务状况两方面进行分析。

一、公司基本因素分析

上市公司基本因素分析主要分析公司的发展前景、竞争能力和经营管理能力。

1. 公司发展前景分析。公司如果具有良好的发展前景，投资者就会购买并长期持有该公司的股票。相反，如果公司的发展前景不乐观，投资者就会出售该公司的股票，致使股价下跌。

例如，公司募集的资金如果投向发展前景看好的项目，则公司未来的盈利能力就会不断增强。再如，公司能否经常推出新产品，如果公司能不断研发出市场需要的新产品，公司就会在市场上牢牢地占据领先地位。像这样的公司便会有良好的发展前景。

2. 公司竞争能力分析。公司要在行业中保持盈利，就要有持久的竞争优势。如果公司属于行业中的龙头，产品的市场需求比较大，具有低成本优势，公司的竞争能力就比较强。常用的公司竞争能力分析方法是SWOT分析法，其中S是指公司的优势（Strength），W是指公司的劣势（Weakness），O是指公司所面临的机遇（Opportunity），T是指企业面临的威胁（Threats）。

知识拓展

毛利率

毛利率是衡量公司竞争能力的重要指标。一般来说，毛利率水平高，意味着上市公司的产品在竞争中处于绝对优势，如片仔癀（600436）的毛利率在75%以上，而科大讯飞（002230）的中文语音识别软件毛利率也在90%以上，因而这两家公司的产品在同行业中的竞争能力是遥遥领先的。

3. 公司经营能力分析。上市公司的经营管理水平的好坏也会引起股价的波动。公司的经营管理能力反映公司管理人员的公众形象、公司的社会形象等方面。经营管理好的上市公司，会受到投资者的青睐，因而这些公司的股价将持续上涨。

二、公司财务分析

对公司的财务状况进行分析，主要是通过对公司的财务数据进行加工、分析和比较，掌握公司财务和运营状况，预测公司的经营前景，判断公司证券的价值，从而做出合理的投资决策。财务分析的指标很多，下面我们主要以公司偿债能力和经营管理能力分析为例简单予以说明。

（一）公司偿债能力分析

1. 流动比率：

流动比率 = 流动资产/流动负责

流动比率可以反映公司短期偿债能力。企业能否偿还短期债务，要看有多少负债，以及有多少可变现偿债的流动资产。流动比率过低，会影响公司的资金周转，而流动比率过高，则表明公司资金利用率低下，资金运用存在浪费问题。一般而言，生产类上市公司最佳的流动比率是2。

2. 速动比率：

速动比率 =（流动资产 − 存货）/流动负债

在流动资产中，存货的变现速度最慢，并且市场波动较大，即使变现也未必能够保值。因此，把存货从流动资产总额中扣除而计算出来的速动比率更能反映企业的短期偿债能力，正常的速动比率为1，速动比率低于1的企业短期偿债能力偏低。但由于行业不同，速动比率也会存在差异。

3. 资产负债率：

资产负债率 = 总负债/总资产

资产负债率是衡量公司长期偿债能力的一个重要指标，反映在总资产中有多大比例是通过借债来筹集的，同时也可以衡量公司在资产清算时债权人有多少利润。通常，公司的资产负债率应控制在50%左右为宜，资产负债率过高，则意味着债权人要承担很大的风险。

资料传真

中钢债务重组获批 旗下上市公司受益

中钢集团下属上市公司中钢国际9月28日公告称，公司收到通知，在国家政府部门的指导、支持下，在各相关方的共同努力下，中钢集团债务重组方案正式获得批准。这意味着这家央企持续两年多的债务困境终于迎来希望。

近年来，中钢集团一直背负着债务重压。为缓解公司高负债率，中钢集团也曾做出努力，如当年剥离宁波市杭州湾大桥发展有限公司股权，出售中钢广铁有限公司和中钢四川炭素，但效果并不明显。

截至2013年末，中钢集团总资产1100亿元，总负债1033亿元。受大宗商品价格大幅下降影响，2014年国家开发银行对中钢集团的6.9亿元贷款逾期，债务问题开始显现。2014年12月由银监会、国资委协调成立债委会。

据报道，截至2014年12月中钢集团及所属72家子公司债务逾1000多亿元，其中金融机构债务近750亿元，牵涉境内外80多家银行。

随着集团债务违约，一度引发二级市场乃至银行对中钢下属公司冷眼相对。今年2月，由于债务重组和改革，中钢集团旗下中钢国际、中钢天源先后因筹划重大事项和筹划重大资产重组停牌。其后在3月底，中钢天源公告称，中钢集团收到了金融机构债权人委员会《关于对中钢天源重大资产重组事项的函》，该函将对公司本次重大资产重组产生不利影响。

海通证券研报透露，不少银行对中钢集团及其子公司抽贷清退或压缩贷款规模，使得中钢国际融资能力明显受限。

不少钢铁业人士此前曾预测，在债务重压之下，中钢有可能走向破产。

不过，中钢有望通过本次重组迎来新生。有专家认为，债转股是打破钢铁企业债务困局的有效方式。

（资料来源：新京报，2016年9月29日。）

（二）公司经营管理能力分析

1. 存货周转率：

存货周转率＝销售成本/平均存货余额

存货周转率是衡量和评价企业购入存货、投入生产、销售收回等各环节管理状况的综合性指标。公司存货的周转速度如何，将直接影响公司的流动比率。一般而言，公司存货的周转速度越快，存货的占用水平就越低，存货的流动性就越强，存货的变现速度就越快。

资料传真

服装企业"库存危机"持续，存货348亿、卖光要3年

据报道，根据Wind数据统计显示，目前A股有40家上市服装企业发布半年报，报告期末存货总量为348.5亿元，为净利润逾七倍。上市服装企业的"库存危机"依旧在蔓延!

一位不愿意透露姓名的服企高管坦言："目前服装企业消化这些库存至少需要3年时间，但销库存背后还需要利润支撑，财务报表一难看，银行就会跟在后面催债，所以，越来越多服装企业正步入库存怪圈。"

具体到公司，上半年存货最多的上市服企是海澜之家，为85.59亿元，与上一年同期相比增加31.82%。据记者了解，海澜之家的高库存自上市之初就备受市场诟病。资料显示，海澜之家2014年4月11日借壳凯诺科技上市，2014—2015年存货金额分别为60.86亿元和95.79亿元，在流动资产中所占的比例达到了42.56%和50.68%。

从存货周转天数来看，星期六以833.72天遥遥领先，也就是说，即使公司未来两年半不制造不生产，现有库存也能满足销售需求；华斯股份、凯撒股份紧随其后，存货周转天数分别为685天和596天；摩登大道、美尔雅、报喜鸟、维格娜丝、朗姿股份、汇洁股份、步森股份的存货周转天数均在一年以上。

（资料来源：中国服装人才网，2016年9月5日。）

2. 应收账款周转率：

应收账款周转率=销售收入/应收账款平均额

应收账款周转率是反映公司应收账款周转速度的比率，即年度内应收账款转为现金的平均次数。公司的应收账款在流动资产中具有举足轻重的地位，公司若能及时收回应收账款，不仅反映出企业管理应收账款方面的高效率，也可以增强企业的短期偿债能力。

3. 公司盈利能力分析：

净资产收益率=净利润/平均净资产

其中，平均净资产=（期初净资产+期末净资产）/2

净资产收益率反映的投资报酬率，是综合性最强、最具有代表性的一个指标，也是投资者分析公司财务状况的首要指标。公司如果不能给股东提供足够的报酬，就难以吸引潜在投资者来扩大生产、投资规模。

4. 市盈率：

市盈率=每股市价/每股收益

其中，每股收益=净利润/年末普通股总数

市盈率反映了投资者对每1元净利润所愿意支付的价格，可以用来估计股票的风险和报酬。一般而言，市盈率越低越好，市盈率越低，表示公司股票的投资价值越高，投资回收期越短，投资风险就越小，股票的投资价值就越大。反之，则投资价值越低，风险越大。一般认为30~40倍之间为合理市盈率，而西方发达国家成熟市场的平均市盈率一般在20倍左右。

知识问答

小明提问：我爸爸说市盈率低的股票没人买，究竟是不是市盈率越低越好呢？

从国外成熟市场看，上市公司市盈率分布大致有这样的特点：稳健型、发展缓慢型企业的市盈率低；增长性强的企业市盈率高；周期起伏型企业的市盈率介于两者之间。再有就是大型公司的市盈率低，小型公司的市盈率高。市盈率如此分布，包含相对的对公司未来业绩变动的预期。因为，高增长型及周期起伏型企业未来的业绩均有望大幅提高，所以这类公司的市盈率便相对要高一些，同时较高的市盈率也并不完全表明风险较高。而一些已步入成熟期的公司，在公司保持稳健的同时，未来也难以出现明显的增长，所以市盈率不高，也较稳定，若这类公司的市盈率较高的话，则意味着风险过高。从目前沪深两市上市公司的特点看，以高科技股代表高成长概念，以房地产股代表周期起伏型行业，而其他大多数公司，特别是一些夕阳行业的大公司基本属稳健型或增长缓慢型企业。因而考虑到国内宏观形势的变化，部分高科技、房地产股即使市盈率已经较高，其他几项指标亦不尽理想，仍一样可能是具有较强增长潜力的公司，其较高的市盈率并不可怕。假如A公司为上市公司，股票价格为25元，每股收益0.68元，则其市盈率＝25／0.68 ＝36.76倍。该项比率越高，表明投资者认为企业获利的潜力越大，愿意付出更高的价格购买该企业的股票，但同时投资风险也较高。

项目小结

本项目主要介绍了证券投资的基本分析方法，主要内容包括宏观因素分析、非经济因素分析、行业性质与生命周期分析以及公司微观因素分析，主要目的旨在为判断证券的投资价值提供依据。

本章的重点是行业分析和行业生命周期分析，主要分析企业的发展前景和市场竞争态势。本章的难点是企业财务状况分析。

项目作业

一、填空题

1. 任何金融资产在其资产和业务相对稳定的情况下，都有一个相对确定的（　　）。

2. （　　）是指由于许多企业生产同质产品而形成的市场类型。

3. （　　）是指独家企业生产某种特质产品而形成的市场类型。

4. （　　）＝流动资产/流动负责

5. （　　）＝净利润/平均净资产

二、判断题

1. 完全垄断是指少数企业在某种产品的生产中占据很大市场份额的市场类型。(　　)

2. 寡头垄断是指许多企业生产同种但不同质产品而形成的市场类型。(　　)

三、简答题

1. 基本分析的含义是什么?
2. 基本分析的理论基础是什么?
3. 根据市场竞争结构的不同，可以将行业分为哪几种类型?
4. 行业生命周期可分为哪几个阶段?
5. 市盈率有什么含义?
6. 如何看待市场波动?

四、案例分析

解析水电资产的“赢利模式”

一般水电开发具有初期投资巨大、建设周期漫长、以贷款资金为主的高杠杆、运行成本低、投资回收期长、强大的现金流等特点，水电站建成投入后其营运就相对简单：

1. 水电站的收入主要依赖于发电量（机组利用率）、电量结构（丰枯峰谷之间的分布）及上网价格，作为公共事业上网价格虽然近年有不断上涨的趋势，但总体上仍受到严格管制，而机组利用率及电量结构基本靠天吃饭，但对那些具有多年调节能力的梯度水电可以经过有效调度，不仅能够提高机组利用率，而且能够在电力紧张、电价较高的枯水期分配更多的电量，这类水电站将具有巨大的经济效益，比如澜沧江上具有调节能力的小湾电站投入运营后就给下游的漫湾、大朝山和景洪电站带来巨大的补偿调节效益。

2. 水电站的成本结构：

(1) 税金及附加：大概占主营收入1%～2%。

(2) 营业成本：主要是折价及待摊费用，其他有库区基金、水资源费等。

(3) 销售费用：与主营收入相比很少，基本可以忽略不计。

(4) 管理费用：大概占主营收入5%左右。

(5) 财务费用：由于80%的资金依靠贷款投入，这笔费用庞大而且对利率的敏感度较高。

根据水电的运营特征我们对其赢利模式进行分析：

水电收入在客观上依赖上游来水、主观上依赖自身的调节能力。

成本结构中，固定成本主要是“折旧待摊及财务费用”占比巨大、而变动成本极其有限，这种成本结构使得水电站的赢利能力对收入变化极度敏感（边际效益极高)：当收入出现增长（发电量增加或枯期电量占比提升），这部分新增的收入对应的成本基本为零，新增的收入几乎没有带来成本的增加，毛利被最大程度地转化为营业利润，促成了净利润的大幅增长；当收入出现下降，水电站的成本也基本不变，收入下跌的部分也将被最大程度地转化为利润的下跌或亏损的增加。这里有两个案例很能说明这个问题：

（1）二滩电站2008年由于来水较好，发电量增加，导致公司收入增长11%而营业成本仅微幅上升不到1%。

（2）2011年长江电力以120亿收购三峡地下电站6台机组，按照年均发电量35.11亿千瓦时计算，公司每年将增加净利润96万元，在35.11亿千瓦时发电量基础上每超发1亿千瓦时电量，可增加公司净利润约1700万元，发电量增加不到3%而净利润增加17.7倍；但是长电的管理层并未提及在35.11亿千瓦时发电量基础上，每少发1亿千瓦时电量，那么这个花费120亿巨资的地下电站就将面临亏损。

一般水电站的收入主要“靠天”吃饭，收入特征不仅具有季度波动性，而且也具有年度波动性，这也导致水电站的赢利能力也随之大幅波动。

在上面对水电站的成本分析中，占比最大的“折旧待摊”及“财务费用”两部分成本也只是相对固定，首先财务成本就受贷款利率的影响，影响有正面的也有负面的，在这里的分析中假设在一个较长的还款周期中利率保持稳定，就一个独立的水电站通过折旧及利润的累积可以逐年还掉贷款，其财务成本也将逐年下降；折旧待摊是非现金支付费用，水电站一般采纳年限平均法，这部分费用非常固定(也有很少的水电站因调节利润的需要而采纳“工作量法”，折旧成本就随发电量的多少而波动，比如黔源电力)，水电站将“折旧待摊”费用用于还贷、滚动开发或其他投资，不管那种方式都将为股东创造“额外”的增值收益，一个水电站可以用很少的资本金投入（20%左右），通过折旧及利润的累积，可以用20~25年左右的时间还掉贷款（具体时间看水电站的折价政策），使之全额归属于股东所有，而之后这个水电资产产生的现金流仍处于稳定水平，在水电站的折旧待摊费用支付完毕后，水电站的收益将因费用的大幅减少而呈现出“突增”的特征，这个从葛洲坝水电站可见一斑，葛洲坝水电站已经成功运营了30年，折旧与贷款已经归零，从目前的状况看大坝至少还能正常使用100年以上，机组经历了30年的风风雨雨后仍能满负荷运作，在注入长江电力之前其成本电价也就4~5分，按目前的上网价格其赢利能力异常强劲，其实所有的水电站在运营20~30年后都将具有这个特征。通过以上分析初步可以得出这样的结论：独立的水电资产仅通过“折旧还贷”降低财务费用就能够保持持续的内生增长能力；在贷款还完、折旧归零的时刻收益能力还将“突跃”上一个更高的平台——水电资产是越老越赚钱、越老估值越高。

（资料来源：摘自著名投资人sosme的博客。）

请同学们分析讨论：

1. 你认为水电企业处于行业生命周期的哪个阶段？

2. 你认为水电行业处于哪种类型的市场竞争结构中？

3. 请依据上述商业模式对长江电力和国投电力进行估值。

【技能训练】2－1

实训项目	证券价值基本分析
实训任务	选择一只股票，面向同学介绍证券价值基本分析所要考虑的因素
实训目的	锻炼学生运用基本分析对证券进行估值的能力
条件要求	开通互联网的证券实验室（配有投影仪）
资料准备	第一，教学课件及相关文图资料；第二，向学生提供主要的证券机构网址或者由学生进行搜索获得
考核要求	完成无纸化实训报告，做好 PPT 汇报材料
实训过程提示	第一，说明本次实训的任务与目标；第二，说明实训报告填写的基本框架；第三，提示学生收集资料的主要途径；第四，对学生进行分组，要求每组指定一名同学以 PPT 的形式做好上讲台汇报准备；第五，组织、指导学生实训；第六，请 1－2 组的同学代表介绍证券价值基本分析所要考虑的因素
实训报告	

【技能训练】2 - 2

实训项目	公司因素分析
实训任务	选择一只股票，面向同学介绍公司因素分析的主要内容
实训目的	锻炼学生的公司因素分析的能力
条件要求	开通互联网的证券实验室（配有投影仪）
资料准备	第一，教学课件及相关文图资料；第二，向学生提供主要的证券机构网址或者由学生进行搜索获得
考核要求	完成无纸化实训报告，做好 PPT 汇报材料
实训过程提示	第一，说明本次实训的任务与目标；第二，说明实训报告填写的基本框架；第三，提示学生收集资料的主要途径；第四，对学生进行分组，要求每组指定一名同学以 PPT 的形式做好上讲台汇报准备；第五，组织、指导学生实训；第六，请 1 - 2 组的同学代表介绍你们小组选择股票的公司因素分析
实训报告	

项目三

3 掌握证券投资技术分析（一）

知识目标

□ 明确技术分析的含义、明白 K 线的意义、理解形态分析、缺口分析的意义

能力目标

□ 形成技术分析的基本能力，掌握股价分析、形态分析的基本内容，学会进行缺口分析

任务一 认识技术分析

任务导入

学习过基本分析，小明对应该购买什么股票有了一个基本的认识。但是依然令小明迷惑的是：在什么时候、什么价格购买才是合适的呢？这就涉及到技术分析的内容。对于大多数人来说，技术分析是股市成功的入门功夫，属于必修课。

知识准备

一、技术分析的含义

所谓技术分析，是以证券市场的过去轨迹为基础，应用数学和统计学的方法，探索出一些典型的规律并据此预测证券价格未来变动趋势的一种分析方法。

知识问答

小明提问：投资者为什么要学会一定的技术分析方法呢？

每个投身股票市场的股票投资者的目的都是为了挣钱，低价买入高价卖出挣钱，高价买入低价卖出的赔钱，高价和低价相差越大，挣得或赔得就越多，这是每个人都知道的道理。但是，在具体进行买卖时，对高价和低价的识别是难以正确把握的。每个人都希望自己有一双能够看到未来的慧眼，使自己能够抓住每一次或者大部分机会，躲过每一次风险，成为股票市场的成功者。股票市场成功的关键实际上是把握机会，这在很大程度上靠个人的直觉和经验。为了获得这样的经验，学会技术分析的技巧是很重要的。正确应用技术分析，在某种程度上能够增加投资者的预见未来和对当前形势正确判断的能力，在进行股票买入卖出决策时，提供相当有益的参考意见。仅凭直觉和运气是不够的。

二、技术分析的三大要素

技术分析的三大要素是证券价格、成交量和价格变动的时间跨度。技术分析可以简单地归结为对价、量、时间三者关系的分析。在技术分析中，价量关系是基本要素，市场价格指数可以解释和反映市场的大部分行为，收盘价和收盘价指数是最重要的价格和指数，而成交量则是确定价格走势的重要保证。某一时点上的价和量是交易双方市场行为形成的结果，是双方力量对比暂时的均衡点。一般说来，买卖双方对价格的认同程度是通过成交量加以确认的，认同程度大，成交量大；反之，成交量小。双方的这种认同程度反映在价量关系上就形成价升量增、价跌量减的规律性变化。根据这一规律，当价格上升而成交量不能随之放大时，意味着价格的上升得不到买方认可，价格上升缺乏动力；当价格下跌而成交量不能伴随放大却一再萎缩时，表明价格下降已得不到卖方认同，价格将止跌回稳。时间既可消耗能量，又可积蓄能量，随着时间的推移，双方的力量对比会发生变化，证券价格的运动趋势也会改变。价格、成交量、时间是技术的三维变量，缺一不可。一切技术分析方法都是以价、量、时间为研究对象，通过分析三者关系的变化研究证券市场的运行规律，见图 3 – 1。

三、证券技术分析方法的分类

在价、量历史资料基础上进行的统计、数学计算、绘制图表方法是技术分析方法的主要手段。从这个意义上讲，技术分析方法可以多种多样。一般来说，可以将技术分析方法大致分为股价分析、辅助线分析、波浪分析和技术指标分析等，见图 3 – 2。我们仅仅介绍一些当前比较常用和比较实用的技术分析方法。

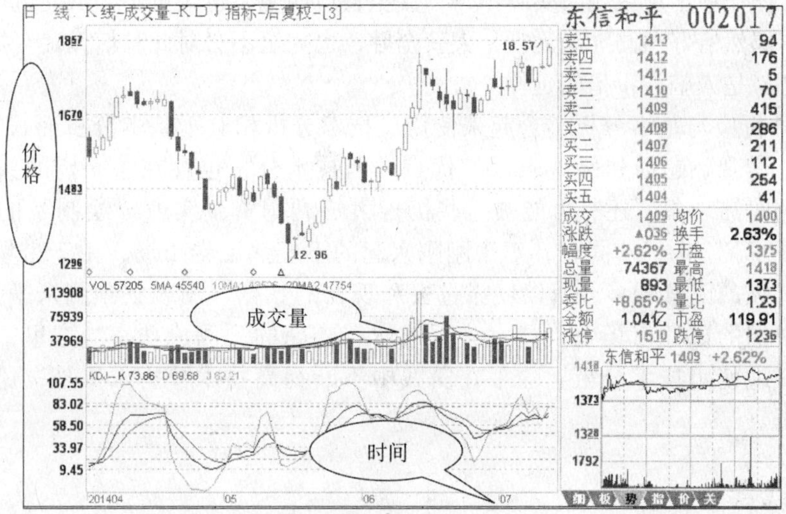

图 3－1　技术分析三大要素

- 技术分析
  - 股价分析
    - K线分析
    - 形态分析
    - 缺口分析
  - 辅助线分析
    - 支撑线和压力线
    - 趋势线和轨道线
    - 移动平均线
    - 黄金分割线
  - 波浪分析
    - 道氏理论
    - 艾略特波浪理论
  - 技术指标分析
    - KDJ指标
    - RSI指标
    - OBV指标
    - MACD指标

图 3－2　技术分析分类

投资箴言

普通投资者学习技术分析干什么？和学开车一样，是为了代步而不是去当赛车手；所以追求的是熟练和不出意外。

四、技术分析方法应用时应注意的问题

1. 正确看待技术分析。技术分析是对过去资料数据的归纳提炼，以预测将来的走势，其间包含不确定因素，不可能每次测准，也不像抛硬币那样，非正即反，各占 50% 的比例。同时，技术分析实际操作看似简单，却非人人都可据赚钱，投资者心态不稳是一大原因，有时技术分析已发出明显买卖信号，自己却一再犹豫，有时甚至自己也不相信自己的判断。因

此，如果实际操作中出现预测与实际不符，甚至背道而驰，也大可不必从此将技术分析弃之不用。反之，偶然恰好预测准确无误，大获全胜，也完全不必对此笃信无疑。技术分析仅是一种工具而已，是人脑和手指的延伸。

2. 技术分析应与基本分析结合起来使用。技术分析相对于基本分析而言，具有简单、方便、具体、客观、超前和保盈限亏的优点，但技术分析也存在着一定的买卖信号落后于客观实际的时滞现象，还有可能被一些机构大户利用资金实力“绘制”的“骗线”所误导，陷入技术“陷阱”。同时，对于刚刚兴起的不成熟证券市场，由于市场突发消息较频繁，人为操纵的因素较多，所以仅靠过去和现在的数据、图表去预测未来是不可靠的。事实上，在中国的证券市场上，技术分析依然有较高的预测成功率。这里，成功的关键在于不能机械地使用技术分析。除了在实践中不断提高技术分析水平外，还必须注意结合基本面分析。

投资箴言

> 赚取比银行利息更高的收益肯定不是一件容易的事，非下大的代价不可；偏偏许多人居然都相信自己在股市里一定能赚钱——而且是不必下功夫的。

3. 结合自我实践，注意主要技术分析方法的综合研判。实践证明，单独使用一种技术分析方法有相当大的局限性和盲目性。投资者必须结合自身实际，运用自己熟练有效的几种主要技术分析方法对未来进行预测，综合得出多空双方力量对比描述，从而决定买卖时机。技术分析方法只有在实践中不断验证，找出适合自己有效的方法，才能渐入投资佳境，取得较高收益。

任务二
掌握K线分析

任务导入

面对电脑中红红绿绿的柱状K线走势图形，小明很想知道是什么意思，又是如何画的。现在股票投资软件已很普及，无论什么样的K线电脑都会自动画出，这已不需要人工绘制。但作为股票投资者，对绘制K线的原理和方法是必须懂得的，这是我们学习证券投资的基础。这对研判股市走势，把握买卖股票时机都很有帮助。

知识准备

一、K 线分析的概念及意义

K 线是将证券在一定时间的价格变动情形用图形表示，依照形状研判价格未来走势的一种方法。股票市场上，买方和卖方永远是站在对立的两边，K 线就是将买卖双方实战结果（即买方与卖方力量的增减与转化过程），用图形表示出来。因为 K 线是表示买卖双方战斗的结果，故又称阴阳线或红黑线，取阴阳相对，红黑相反之意。

K 线分析是证券投资技术分析中最基本的方法，它反映了股价变动的基本情况，是其他技术分析的起点和基础。所以，必须花大精力学习和掌握这种方法。

二、K 线的画法

把每个交易日某个证券的开盘价、收盘价、最高价、最低价的所有变动情况全部记录下来，然后按一定的要求绘成图表。因绘制的图形像常见的蜡烛，所以 K 线图也称蜡烛图形。K 线图中既有时间，也有方向，它必须在平面坐标上才能显示其真实含义。坐标纵轴表示某个股的股价，或者是指股价指数点位、成交量及其他指标值。横轴表示时间，一般以一个交易日为一基本单位，当然也可以周、月、季、年为基本单位。因而有日 K 线、周 K 线、月 K 线等之分。

画 K 线时，我们通常将开盘价与收盘价间的价位用长方体表示，称为实体部分。若开盘价低于收盘价，该线就是阳线；若开盘价高于收盘价，该 K 线就是阴线。另外，最高价与最低价与实体连成细线，分别称为上影线和下影线，见图 3－3。

下面以某日股票价格变动走势情况表述一下 K 线的具体画法，见图 3－4。

日 K 线可以这样画，我们还可以画周 K 线和月 K 线。其画法与日 K 线几乎完全一样，区别只在四个价格参数的选择上。周 K 线是指这一周的开盘价、这一周之内的最高价和最低价以及这一周的收盘价。月 K 线则是这一个月之内的四个价格。周 K 线和月 K 线的优点是反映趋势和周期比较清晰。

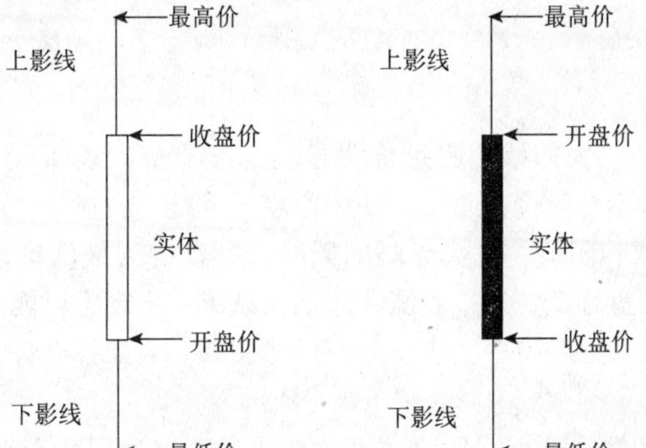

图 3－3 阳线 阴线

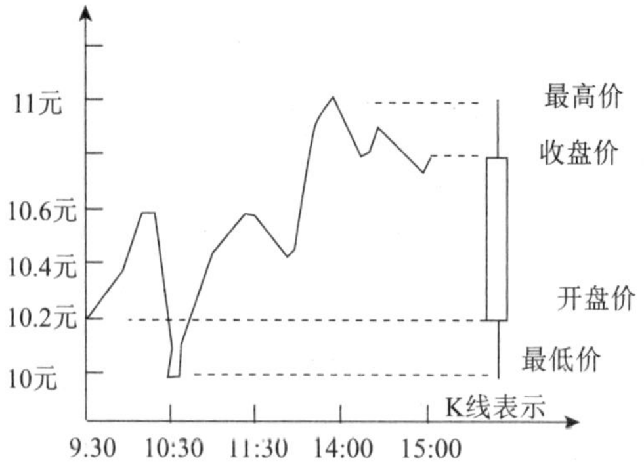

图 3－4 K 线的画法

三、K 线的种类

K 线较细腻地表现了交易过程中买卖双方的力量对比和价格波动状况，可用于判断买卖双方的强弱程度，并作为进场交易的参考。但由于股价的走势复杂多变，因而便有多种多样的阴阳线，它们代表的含义也各不相同，见图 3－5。

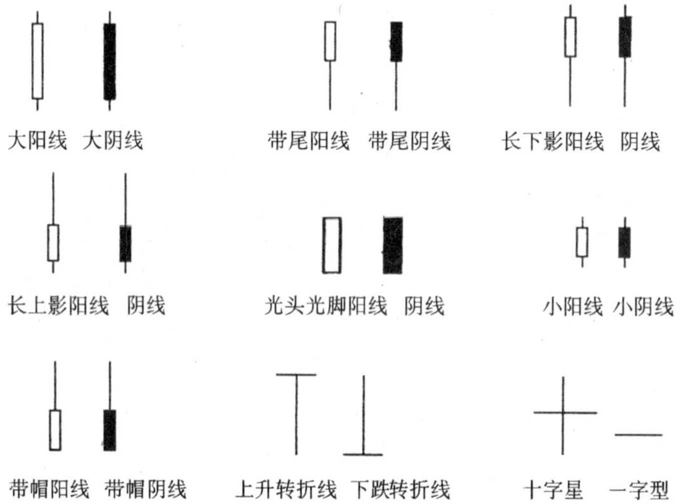

图 3－5 常见的 K 线图类型

1. 大阳线和大阴线。大阳线，收盘价明显高于开盘价。表明大市在短期内趋于上升。大阴线，收盘价明显低于开盘价，表示短期后市趋于下跌。

2. 光头光脚的阳线和阴线。光头光脚的阳线，开盘价为最低价，收盘价为最高价，无上下影线，表示市场买盘踊跃，后市看涨。假如在跌势中出现，可能是跌市结束的信号。光头光脚的阴线，通常出现在跌市中，表示后市仍然疲软。假如在升势中，则可能是升势结束的信号。

3. 长下影阳线和阴线。开市后股价一度大幅下跌，而后股价节节回升。高于开盘价收长下影阳线，低于收盘价收长下影阴线，说明在低位承接力量强，后市趋于上升的可能性极高；但阴线上升力量不及阳线强烈。

4. 长上影阳线和阴线。开市后股价经过一般上升后辗转往下回落，于是便形成长上影线。这种情况通常暗示市场上升的趋势已经减弱，股价在升至较高水平时明显遇上阻力，后市可能转趋下跌。虽然长上影阳线的收盘价仍高于开盘价，但仍表示后市具有下跌的趋向。至于长上影阴线，其下跌意义就更明显了。

5. 小阳线和小阴线。表明大市呈牛皮市况，暂无明显方向。

6. 带帽阳线和带帽阴线。这种情况表明股价的上升阻力很大，上升力量可能已经枯竭，后市将会转趋下跌。尤其是带帽阴线，在下跌的阶段出现，显示后市仍有一段时间趋于下跌；假如在上升的趋势中出现，则可能是股价见顶的讯号。

7. 带尾阳线和带尾阴线。这种情况显示股市具有相当好的承接力，尤其是“带尾阳线”，经过当日一段时间的下跌之后掉头回升，且升破开盘价，以全日最高价收盘，可知股价的上升动力相对强大。假如在上升的趋势中出现，反映出后市仍有一段时间将是趋升的。

8. 上升转折线和下跌转折线。上升转折线是以全日最高价开出后，随即节节下跌，但中间便掉头回升，而且收复全部失地，以开市的最高水平收市。这是一个转跌为升的讯号，显示后市将会持续上升一段时间。下跌转折线这是一个强烈的下跌讯号。由于当日大市的所有升幅都完全跌去，可见市场的沽售力量相当强大。尤其是当日的波幅巨大时，更是一个明显的转向讯号。必须注意，上升或下跌转折线，全日的最高价和最低价波幅必须较平时大，否则分析意义就会减弱。

9. 十字星。收盘价与开盘价相同，无实体。表示多空双方力量暂时平衡，但随时可能改变方向。

10. 一字型。这是一种非常特别的形状，它的四个价格都一样。例如，在涨跌停板制度下，某只股票在交易当天所有交易时间均处涨停或跌停，该股当日日 K 线就是一字型。同十字型和 T 字型 K 线一样，一字型 K 线同样没有实体。

投资箴言

> 分析只是能帮助自己成功的一种手段，分析结果不代表市场走势，市场的真实走势才是决定一切的。

四、K 线的组合分析

所谓 K 线组合系指由两根以上 K 线构成的 K 线形态，反映连续若干个交易日股市的变动情况，用以推测短期股价的运动趋势。K 线组合形态不同，市场含义也不同。

（一）上升行情中的 K 线组合形态

1. 阳线三根型。阳线三根型，这是上升行情中经常出现的一种 K 线形态，见图 3－6。

典型的阳线三根型是长度大体相同的三根阳线构成，但第二根阳线的开盘价较第一根阳线的最高价高，第三根阳线的开盘价较第二根阳线的最高价高。市场含义是：前两根阳线的开盘价呈上升抵抗型，但买方力量较强，第三根阳线收最高价，充分表现买方实力，这是一种强势形态，投资者应在第三根阳线之收盘价卖出股票，因为股价急速上升后造成的断层容易被卖方套利卖出所补合，股价将进入调整期。

2. 点升型。点升型系由几根小阳线和两根长阳线组成的K线形态，其中每根K线的开盘价均高于前市K线的收盘价，最后的长阳线以最高价收盘，见图3－7。

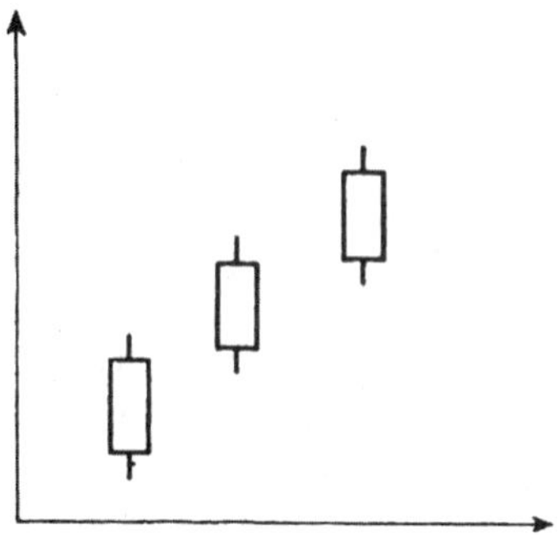

图3－6 阳线三根型

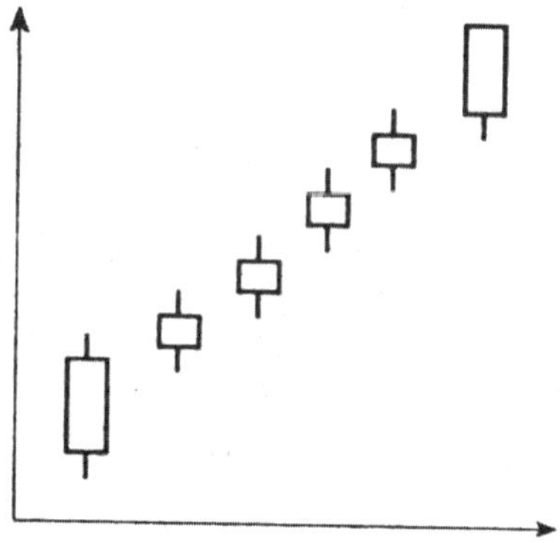

图3－7 点升型

点升型的市场含义是：市场受到好消息刺激出现第一根长阳线，投资者开始少量买进，每日将股价小幅推高，追高意愿不太强，表示买方均小心行事，小阳线出现次数越多，说明买方警惕性越高，这是点升型的特征。最后，买方戒心解除，大举进攻。终于在第五日拉出长阳线。投资者应在第五日收盘时卖出，因为买方经过多日进攻，力量已接近耗竭，市场将进入调整期。

3. 上升整理型。上升整理型，是五根K线组成的K线形态，其中第一根和第五根是长阳线，中间出现三根小阴线，见图3－8。

上升整理型时常出现在上升行情延续的时候，早期买入者获利回吐，但卖方力量有限，只出现连续三天的小阴线。第三根阴线的收盘价仍高于第一根长阳线的开盘价，买方反攻时，一根长而有力的阳线，冲破前四天最高价。投资者可在第三根阴线收盘前买进。

4. 上升盘整跳空型

上升盘整跳空型的市场含义是：股价经过一段上升行情后，在高档盘整若干交易日，充分换手后出现一根跳空上升阳线，表示另一波上升行情已经开始，见图3－9。

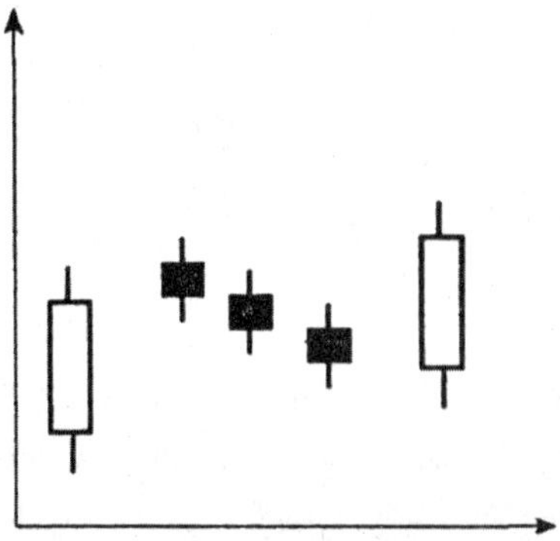

图3－8 上升整理型

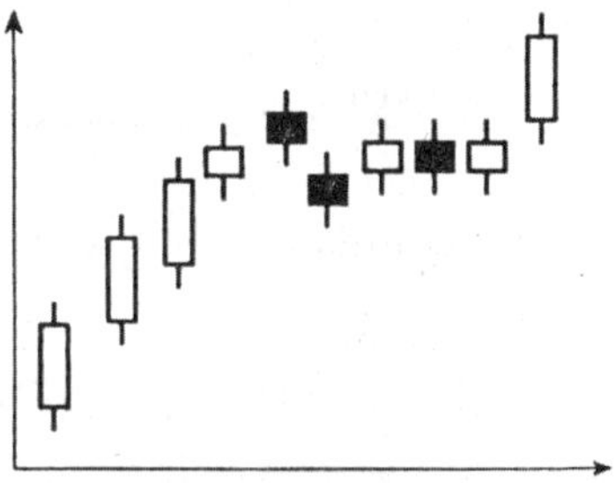

图3－9 上升盘整跳空型

（二）下跌行情中的K线组合形态

1. 阴线三根型。阴线三根线系由三根长度大体相同的长阴线组成，每根K线的开盘价较前日K线之最低价低，第三根阴线以最低价收盘。市场含义是：卖方力量强大，但连续三日大幅下跌已使空方力量耗尽，会产生卖出者回补现象，投资者应在第三根阴线出现时以收盘价买入，见图3－10。

2. 点降型。点降型是由五根阴线组成的K线型态，其中最后一日长阴线以最低价收盘。如图3－11。

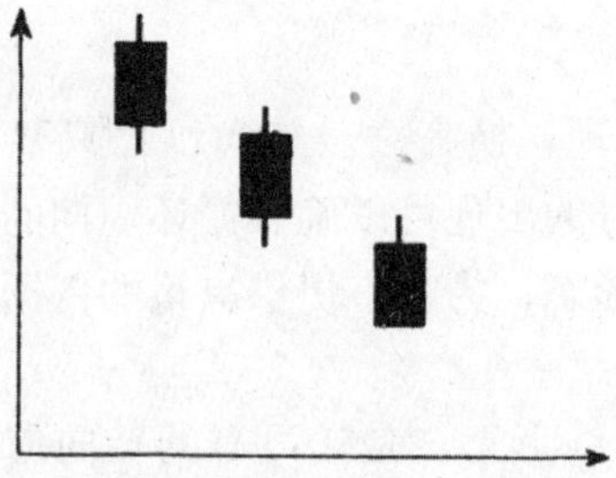

图3－10　阴线三根型

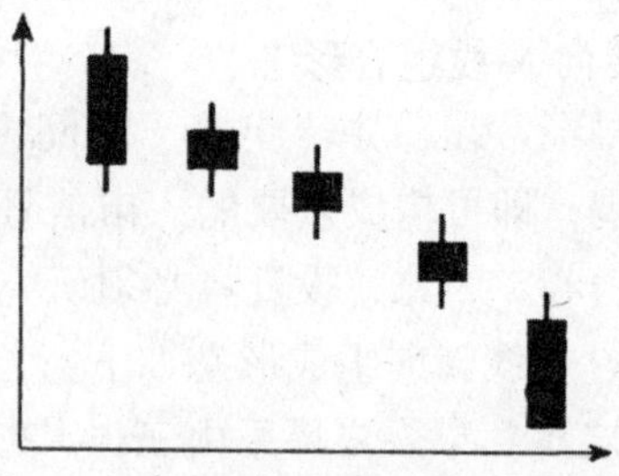

图3－11　点降型

点降型的市场含义是：受利空消息刺激出现第一根长阴线，投资者减量操作，每日将股价小幅压低，表示卖者不愿低价卖出。最后，卖方大举进攻，股价大幅下跌，出现长阴收低现象。如果最后一根阴线特别长，投资者应买入股票，因为卖方连续多日进攻，力量接近耗竭，市场将进入回升调整期。

3. 下跌整理型。下跌整理型系由五根K线组成的K线形态，这是一种典型的多头抵抗型。在下跌行情初期，部分投资者怀念多头行情，认为市场仍有一段升幅，连续反攻三日，出现三根阳线，却没有力量突破第一日阴线的开盘价，上档抛压沉重，第五日空方开始进攻，一根长阴线横穿三根小阳线，确定新一轮下跌开始，见图3－12。

4. 下跌盘整跳空型。下跌盘整跳空型常出现在下跌行情中。股价经过一段时期下跌后，在低档盘整若干个交易日，投资者入市意愿不强，成交清淡，最后以跳空下跌冲破盘局，表示盘整只是股价下跌过程中的休息整理，突破盘局是新一轮大跌的开始，见图3－13。

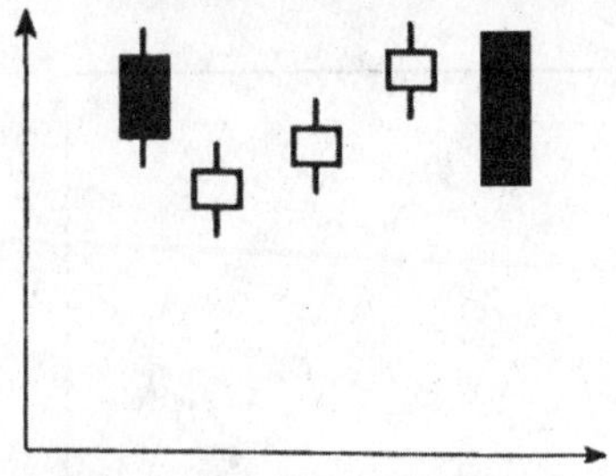

图3－12　下跌整理型

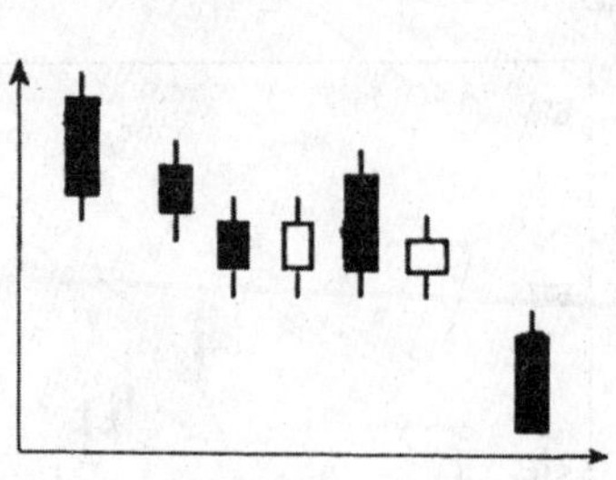

图3－13　下跌盘整跳空型

5. 连续跳空下跌型。连续跳空下跌型常出现在高档盘整之后，如果行情连续出现三个缺口，是强烈的买进信号，因为市场对利空消息反应过度，卖方力量耗竭，股价将出现反弹，见图3－14。

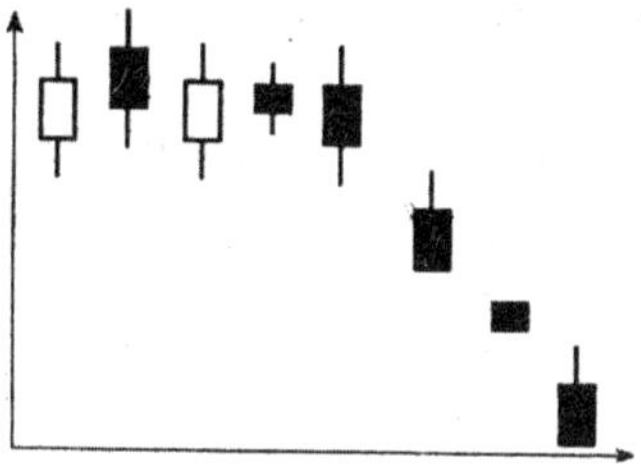

图 3－14　连续跳空下跌型

（三）转向 K 线组合形态

转向信号经常在趋势转变的“时间窗口”内出现。换言之。转向讯号只要在适当的时间范围内出现，即可构成重要的入市信号。转向讯号的出现可以确认循环周期的预测，并增加投资者的信心。因此，投资者必须研究转向讯号形态，为入市提供决策的依据。

最常见的 K 线转向组成形态如下：

1. 早晨之星。早晨之星系由三根 K 线构成的 K 线形态，是较可靠的转向信号，投资者应在大阳线出现时大胆买进，见图 3－15。

2. 黄昏之星。黄昏之星系由三根 K 线组成。常出现在上升行情结束后股价转跌之时，转向的可靠性极高，见图 3－16。

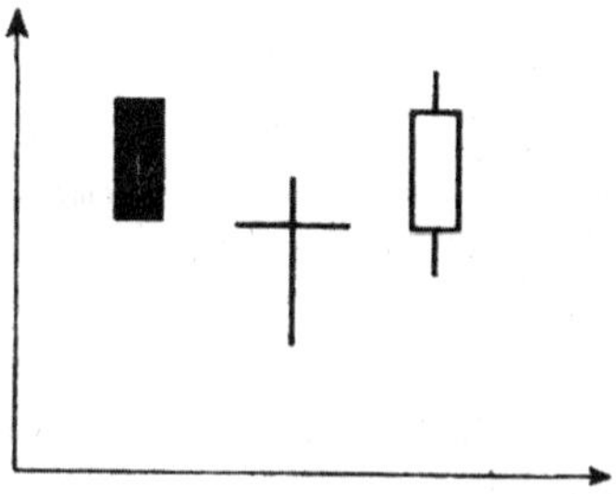

图 3－15　早晨之星

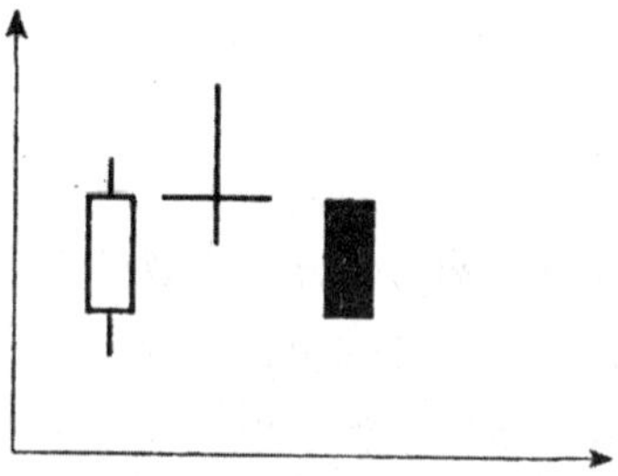

图 3－16　黄昏之星

[实例链接] 早晨之星，买入信号。

四川长虹（600839），见图 3－17。

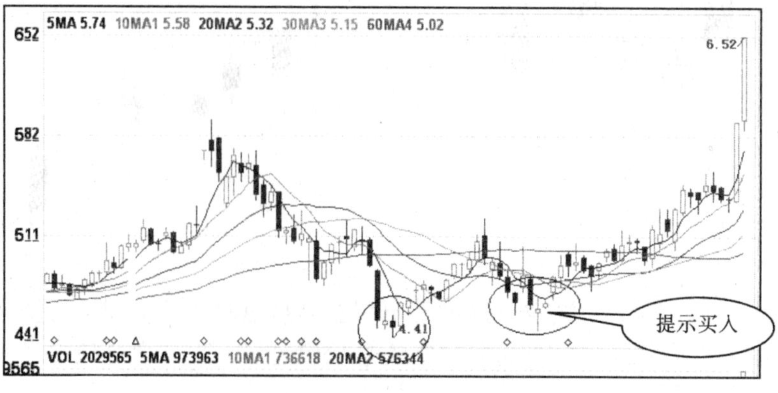

图 3－17　见底信号

3. 穿头破脚。穿头破脚系由阴阳两根K线构成，其中第二根K线的实体包含第一根K线的实体，见图3－18。显示与原来股价变动方向相反的市场势力已占到绝对优势，股价将转变运动方向，是较可靠的转向形态。

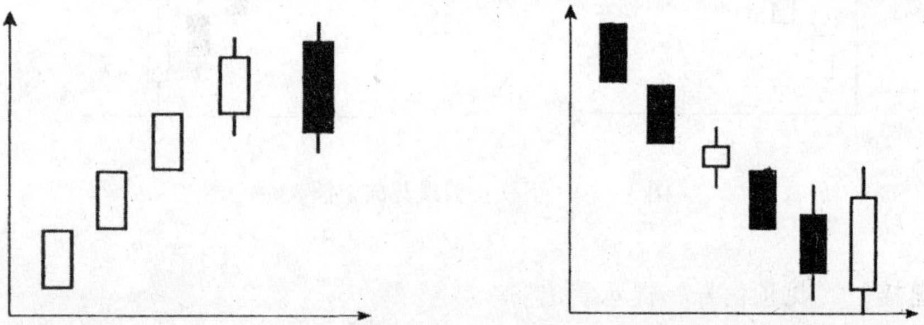

图3－18　穿头破脚

这种K线组合形态的转向力度和可靠性与当时的市场情况有如下关系：（1）两根K线对比，第二根K线实体越长，转向力量越强，可靠性也越高。（2）第二根K线所包含的K线数目越多，力量越强，且可靠性越高。（3）第二根K线出现当日，成交量越大，转向机会越大。

【实例链接】底部组合，一底比一底高，买入信号。

浙江龙盛（600352），见图3－19。

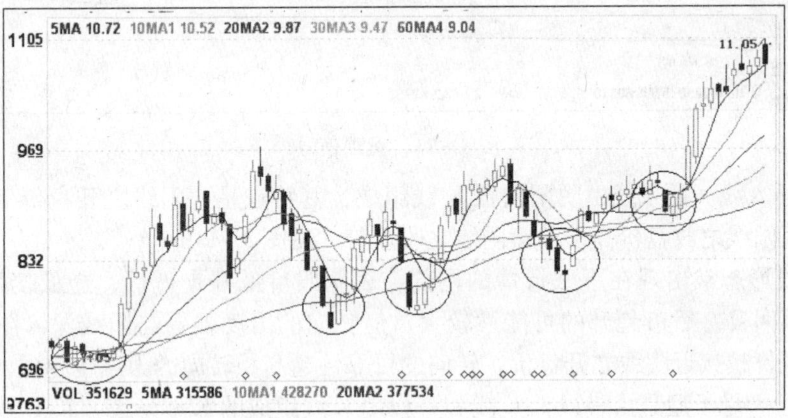

图3－19　底部组合

4. 下跌覆盖线。此形态由阴阳两根K线组成，其中第一根为阳线，第二根为阴线，且阴线的开盘价高于前日阳线的收盘价，阴线的收盘价低于前日阳线的开盘价，见图3－20a。

下跌覆盖线常出现在上升行情的尾部，表明股价经过连续几天的上升后，次日出现高升走低现象，投资者追高意愿不强，大量获利盘涌出，后市趋向下跌的可能性较大，但转向之力度和可靠性较“穿头破脚”形态低。

研判覆盖线的转向力度应注意下列几点：（1）阴线之收盘价越接近阳线之开盘价，转向的力量越强。（2）阴线开盘后冲关受阻，然后掉头下跌，成交量越大，转向可能性也越大。

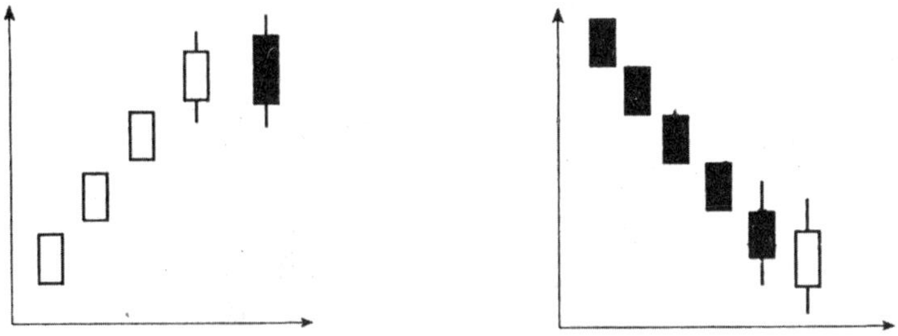

a　　　　　　　　　　b

图 3－20　下跌覆盖线与向上插入线

【实例链接】　见顶信号，提示卖出。

太龙药业（600222），见图 3－21。

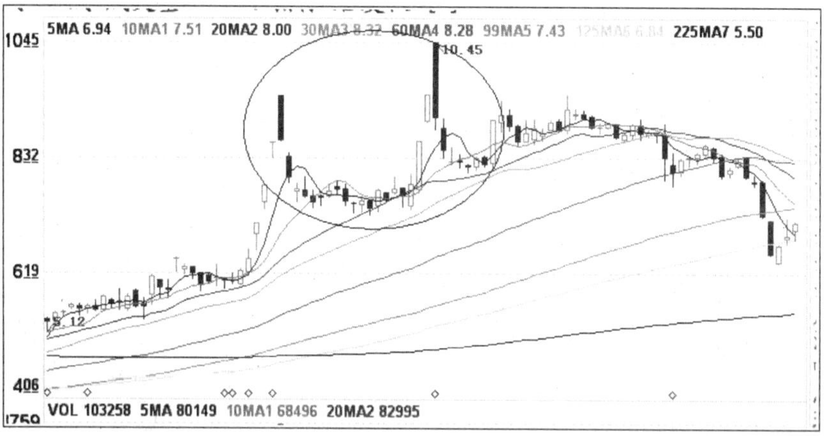

图 3－21　见顶信号

5. 向上插入线。插入线由阴阳两根 K 线组成，其特点是：阳线之开盘价低于前市阴线之收盘价，而阳线之收盘价高于前市阴线之收盘价，见图 3－20b。

此处 K 线形态常出现在下跌行情的尾部，表明股价低开走低后，逢低接手力道强劲，推动股价大幅回升，后市趋升的可能性较大，但转向的力度强弱与阳线深入阴线之程度有关，阳线收盘价越接近阴线之开盘价，转向的可靠性越高，转向的力度也越强。

6. 母子型。母子型是由一根长 K 线和一根短 K 线组成的 K 线形态，长 K 线的实体完全包容短 K 线，见图 3－22。它常在走势的顶部或底部出现。

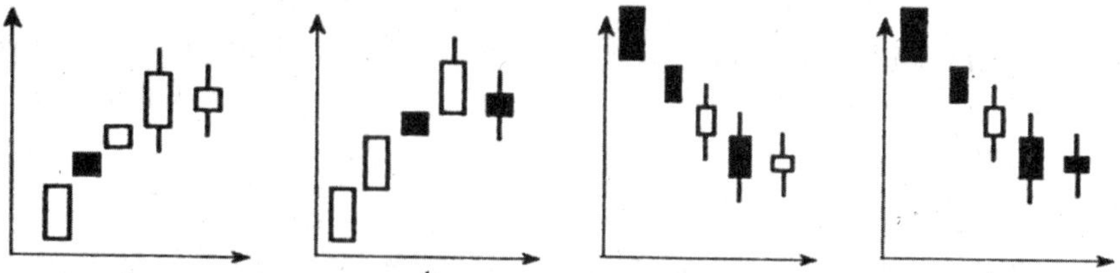

a　　　　b　　　　c　　　　d

图 3－22　母子型

在股价上升进程中，先出现一根实体较长的阳线，又出现一根实体较短的 K 线（阴阳均可），表示股价上涨的趋势已被抑制住，股价即将下跌；在股价下跌的过程中，先出现一根实体较长的阴线，接着又出现一根实体较短的 K 线（阴阳均可），表示股价下跌的趋势已被抑制住，股价即将回升。

母子型的转向力度也较强，可信度较高，投资者应在形态 a 和形态 b 出现时卖出，而在形态 c 和形态 d 出现时买入。

7. 十字星。股价经过一段时期的上升或下跌后，出现十字星，表示股价趋势有转向的可能，见图 3－23。

在股价上升的过程中出现十字星，转向力度与上影线的长度有关，上影线越长力度越强。如果上下影线同长，或者下影线较长，十字星的意义就不明显，有可能是上升过程中的休整，后市继续向上，但十字星转向的可靠性还是比较高的。

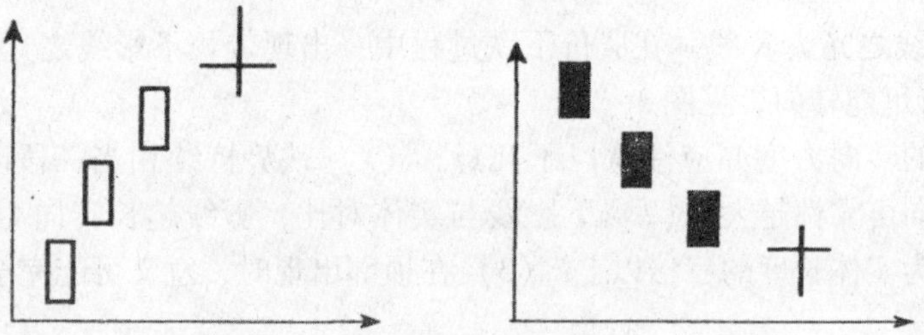

图 3－23　十字星

在股价下跌的过程中出现十字星，转向力度也与影线长度有关，下影线越长，表示低档买方力量越强，股市反弹的可能性亦越大。同样，如果上下影线同长且长度有限，收盘价低于昨日阴线之收盘价，十字星的意义可能是下跌过程中的休息。

8. 带长上影线之光脚 K 线。在股价上升的过程中，出现带长上影线之光脚 K 线（阴阳均可），表示股价趋势有可能转向，见图 3－24。

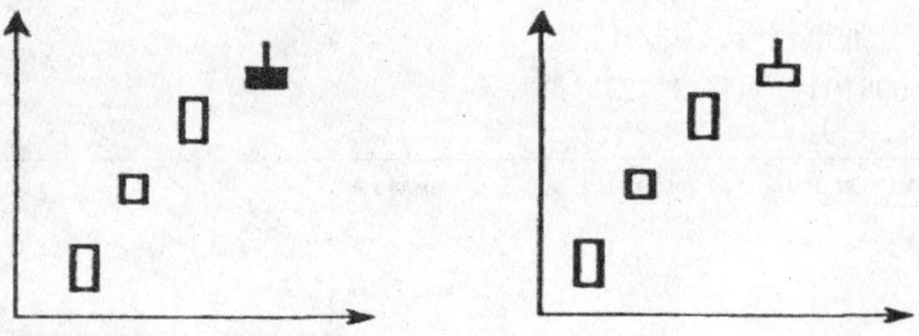

图 3－24　带长上影线之光脚 K 线

分析此形态之 K 线的转向力度，应注意以下几点：（1）股价有一段明显的升势，升幅越大转向力度越强。（2）上影线长度应是实体的三倍，影线越长转向力度和可靠度越强。（3）如在下跌过程中出现，其意义可能完全相反。

【实例链接】顶部组合，卖出信号。

烟台氨纶（002254），见图 3－25。

图 3－25 顶部组合

9. 带长下影线之光头 K 线。在股价下跌过程中，出现带长下影线之光头 K 线（阴阳均可），表示股价有可能转向，见图 3－26。

分析此形态的转向力度亦应注意以下几点：（1）跌势持续相当一段时期，跌幅越大，出现此形态时转向可靠性越大。（2）下影线与实体对比，影线越长转向力度越大。一般来说，影线长度应为实体长度的三倍以上。（3）在顶部出现时，意义可能完全相反。

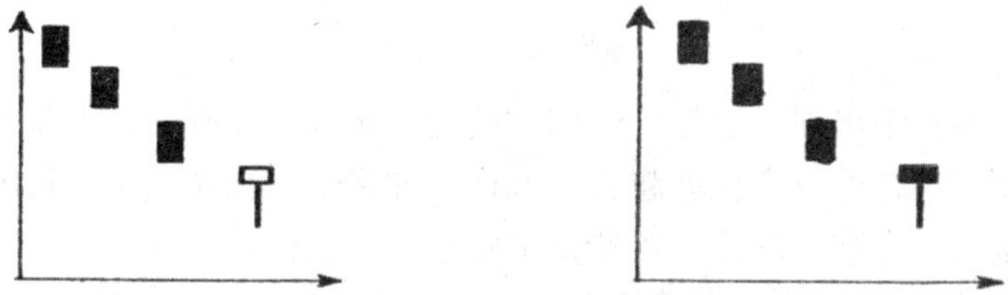

图 3－26 带长下影线之光头 K 线

【实例链接】 底部组合，买入信号。

神马实业（600810），见图 3－27。

图 3－27 底部组合

五、K 线分析应注意的问题

通过 K 线组合来判断股价趋势的困难并不是因为它过于简单，而恰恰是因为它过于复杂。两根的 K 线组合就在近百种排列形式，四根 K 线的组合则有上万种。我们无法对这些数量庞大的组合形式都给出明确的分析结论，实际上也是无法给出的。

1. 无论是一根 K 线，还是两根、三根 K 线，以至多根 K 线，都是对多空双方的争斗做出一个描述，由它们的组合得到的结论都是相对的，不是绝对的。对具体进行股票买卖的投资者而言，结论只起一种建议作用。

2. 在应用时，有时候会发现运用不同种类的组合得到了不同的结论。有时应用一种组合得到明天会下跌的结论，但是次日股价没有下跌，而是出现与事实相反的结果。这个时候的一个重要原则是尽量使用根数多的 K 线组合的结论，将新的 K 线加进来重新进行分析判断。一般说来，多根 K 线组合得到的结果不大容易与事实相反。

3. 现在所流传的许多技术分析技巧大都是在讲 K 线组合，其基本上是在众多的组合形式中排出较为典型的组合进行分析，得出一些经验性的、具有高度概括性的结论，而实际上 K 线的组合千变万化。标准组合的有，但更多的都是不标准的，是异化的。因此，投资者不可以参照书本去教条地对照，避免得出一些似是而非的结论。这是 K 线分析最大的特点，希望大家注意。

4. 要注意与其他分析方法的配合使用，如注意分析 K 线是否组成某一形态。多根 K 线组合分析，要注意是否已组成某一反转或盘整形态，若已组成形态，则应按形态特点分析，而不必过于拘泥于 K 线的关系。如注意分析 K 线在一个较大行情中的位置。分析 K 线也要胸有全局，不能只见树木不见森林。特别要注意高价圈和低价圈中出现大阳线、大阴线和十字转机线，要将它们放在整个行情走势中分析判断，如注意 K 线与移动平均线的配合操作等等。

5. 周 K 线、月 K 线可提供重要的原始趋势，不可忽视。由于周 K 线、月 K 线的时间跨度要远远大于日 K 线，在同样的 K 线组合出现的情况下，周 K 线、月 K 线所预示的买卖信号的可信度要远远高于日 K 线。

任务三
学会形态分析

任务导入

小明在学完 K 线分析后，仍然觉得不好把握。的确，K 线分析是对股价今后运动方向进行判断的基本方法，但它偏重短线分析和操作。为了弥补这种不足，我们将 K 线组成一条上下波动的曲线。这条曲线就是股价在这段时间移动的轨迹，即形状、形态。它比前面 K 线理论中的 K 线组合情况所包括的内容要全面得多，对投资更有帮助。

知识准备

根据股价运动的规律，股价的移动主要是保持平衡的持续整理和打破平衡的突破这两种过程。这样，我们把股价曲线的形态分成两大类型：一是持续整理形态，二是反转突破形态。前者保持平衡，后者打破平衡。证券市场中的胜利者往往是在原来的平衡快要打破之前或者是在打破的过程中采取行动而获得收益的。原平衡已经打破，新的平衡已经找到，这时才开始行动，就已经晚了。平衡的概念是相对的，股价只要在一个范围内变动，都属于保持了平衡。这样，这个范围的选择就成为判断平衡是否被打破的关键。

一、反转突破形态

股价走势反转是反映股价变动方向的改变，亦即股价由上升转为下跌或由下跌转为上升的转点出现。反转突破形态是指对转点形成和确认具有预测或提示功能的股价变动形态。大致可以分为以下几种：

（一）双重底和双重顶

1. 形态特征。标准的双重底形态如图 3－28a 所示，其特点是：在股价整理圈中出现两个大致相同的最低点。因图形类似英文字母 W，又称 W 底。

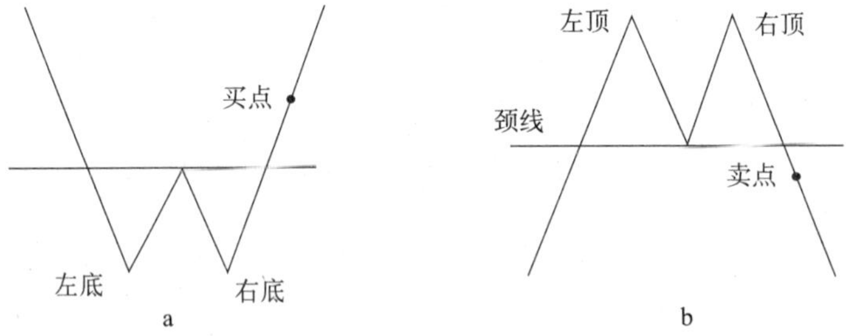

图 3－28　W 底、M 头

2. W 底形态的测市功能与投资策略：

（1）W 底是一种反转形态，常出现在中长期下跌趋势转为上升趋势的整理圈内。

（2）W 底的颈线是经过股价第一次上升顶点的水平线。实例见图 3－29。

（3）股价向上有效突破颈线达 3% 以上时，是可靠性较高的入货信号。回抽时应买入。其涨幅一般至少是底部与颈线位的距离。实例见图 3－29。

（4）股价向上突破颈线时，成交量应大于第一次上升时的成交量，成交量越大，反转的可能性亦越大。

（5）W 底并不都是反转形态，两个底部相距越远，说明底部价位买方力量越强，是反转形态的可能性越大。

【实例链接】向上突破颈线，买入信号。

双重底（W 底）——民生银行（600016）。

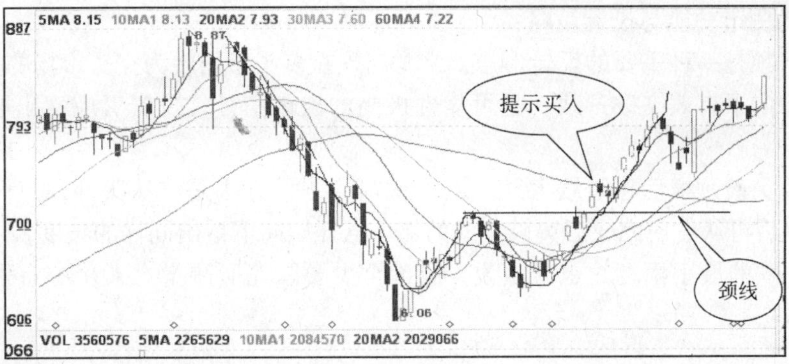

图 3－29　双重底

双重顶，标准的形态如图 3－28b 所示。因图形类似英文字母 M，故又称 M 头。对于双重顶，有完全相似或者说完全相同的结果。只要将对双重底的介绍反过来叙述就可以了。比如，向上说成向下，低点说成高点，压力说成支撑。实例见图 3－30。

【实例链接】　向下突破颈线，卖出信号。

双重顶（M 头）——广安爱众（600979）。

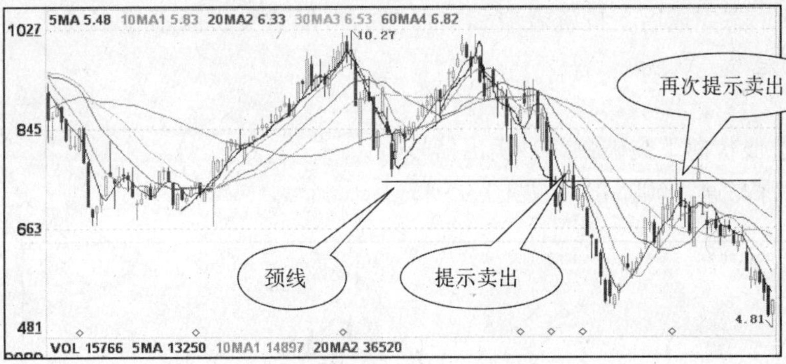

图 3－30　双重顶

（二）头肩底和头肩顶

1. 形态特征。标准的头肩顶形态如图 3－31 所示，其特点是：在股价整理圈内，先后出现三个顶点，其中第二个顶点最高，称为头部，第一个顶点和第三个顶点大致同高，分别称为左肩和右肩。

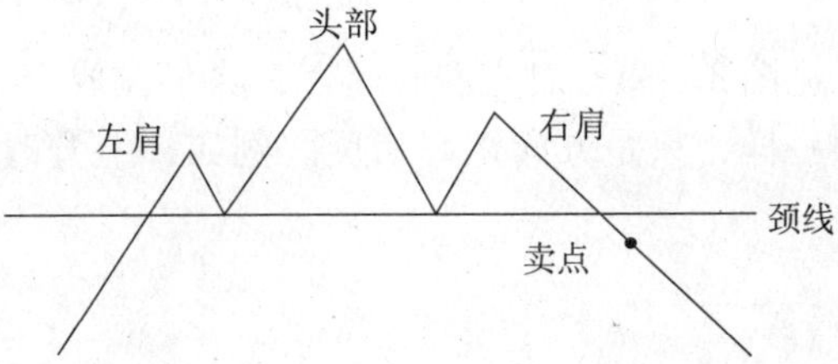

图 3－31　头肩顶

2. 形态的测市功能与投资策略：

（1）头肩顶是一种重要的反转形态，常常出现在多头市场转为空头市场的整理圈内。

（2）股价向下有效突破颈线，是可靠性极高的出市信号，投资者应卖出股票。实例见图3－32。

（3）股价突破颈线后将继续大跌，最小跌幅的测量方法是：从头部顶点向下画一条垂直到颈线，然后再从右肩完成后突破颈线的那一点开始向下量出同样的长度，则这段距离便是股价将要下跌的最小幅度。也就是说，股价至少要跌完所测量之差价方有再反转上升的可能。

投资箴言

山顶左边的10元与山顶右边的10元价值是不同的。

（4）市势强弱与颈线向下倾斜程度有关，越倾斜市场越疲软，下跌幅度越大。

（5）头肩顶形态完成后，向下突破颈线时，成交量不一定扩大，但继续下跌时，恐慌性抛售可能会引起成交量放大。但从总体来看，成交量在形态形成的过程中逐渐减少。

（6）股价跌破颈线后可能会出现暂时性的回升，但回升一般不超越颈线水平。

（7）头肩顶形态完成后，投资者应相信形态的市场意义，而不管市场上消息面和心理面与形态的意义是否一致。

【实例链接】股价向下突破颈线，卖出信号。

头肩顶——深高速（600548），见图3－32。

图3－32 头肩顶

头肩底，标准的形态见图3－33。对头肩底而言，除了在成交量方面与头肩顶有所区别外，其余可以说与头肩顶一样，只是方向正好相反。例如，上升改成下降，高点改成低点，支撑改成压力。

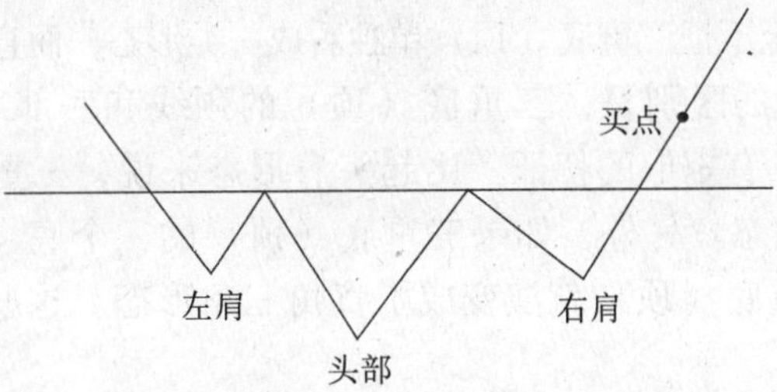

图 3－33　头肩底

【实例链接】　股价向上突破颈线，买进信号。

头肩底——辰州矿业（002155），见图 3－34。

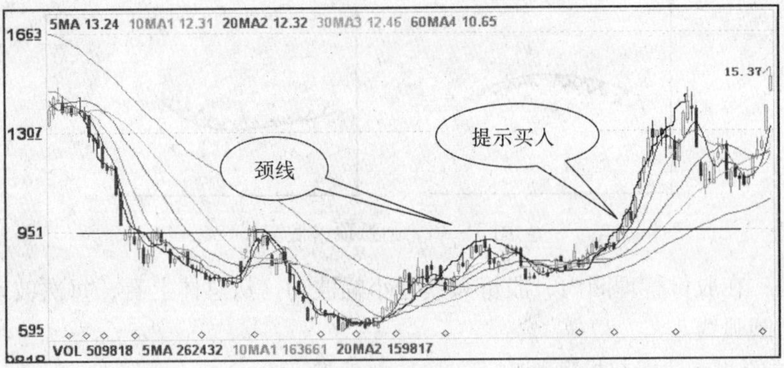

图 3－34　头肩底

（三）三重底和三重顶

三重底和三重顶形态是头肩形态的一种小小的变体，它是由三个一样高或一样低的顶和底组成。与头肩形的区别是头的价位回缩到与肩差不多相等的位置，有时甚至低于或高于肩部一点。从这个意义上讲，三重底（顶）与双重底（顶）也有相似的地方，只是前者比后者多“折腾”一次。

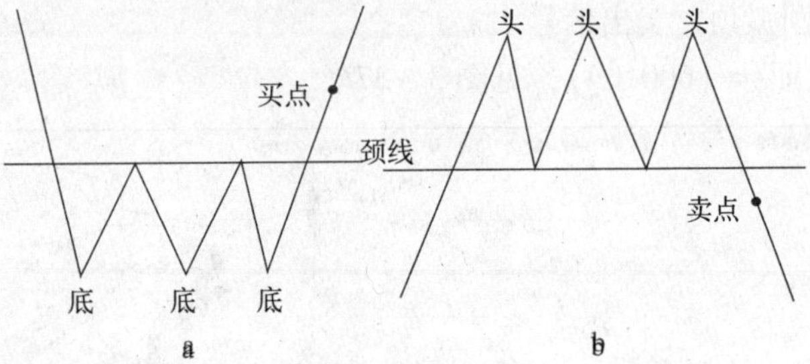

图 3－35　三重底

图 3－35a、b 是三重底（顶）的标准图形。

三重底（顶）的颈线差不多是水平的，三个底（顶）也差不多是相等高度。

应用和识别三重底（顶）主要是掌握识别头肩形态的方法，直接应用头肩形态的结论和应注意的事项。头肩形态适用的东西三重底（顶）都适用，这是因为三重底（顶）从本质上说就是头肩形态。有些文献上甚至不把三重底（顶）单独看成一类形态，而直接纳入头肩形态。

与一般头肩形态最大的区别是，三重底（顶）的颈线和底部（顶部）连线是水平的，这就使得三重底（顶）具有矩形的特征。比起头肩形态来说，三重底（顶）更容易演变成持续形态，而不是反转形态。另外，如果三重底（顶）的三个底（顶）的高度从左到右是上升（下降）的，则三重底（顶）就演变成了直角三角形态。这些都是我们在应用三重底（顶）时应该注意的地方。

（四）圆弧底和圆弧顶

1. 形态特征。标准的圆弧顶见图3－36。

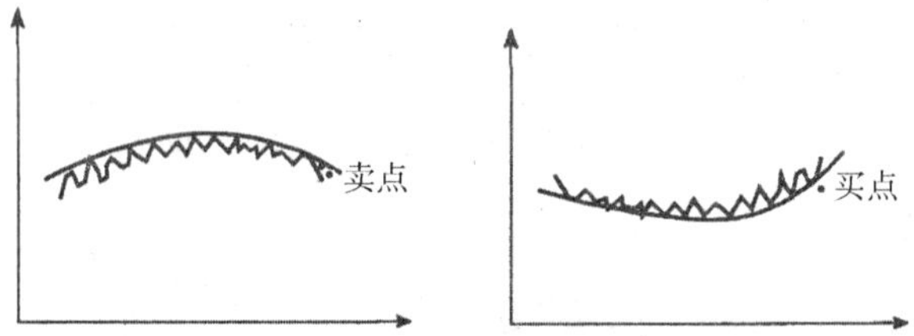

图3－36 圆弧顶（底）

其特点是：在股价整理圈内，股价频繁地小幅波动，从总体上看，每次波动的顶部连结起来类似一条圆弧线。

2. 圆形顶的测市功能与投资策略：

（1）圆形顶是一种反转形态。

（2）圆形顶完成后股价将出现大跌，投资者应立即出货。

（3）圆形顶形成的过程中，最大成交量出现在顶点处，随后成交量逐渐萎缩，投资者应多观察成交量的变化。

（4）圆弧顶跌幅的测量，一般来说不太好测量，但下跌的最小幅度往往是从圆弧顶到圆弧两端连线的垂直距离。

【实例链接】 圆弧顶，卖出信号。

圆弧顶——国金证券（600109），见图3－37。

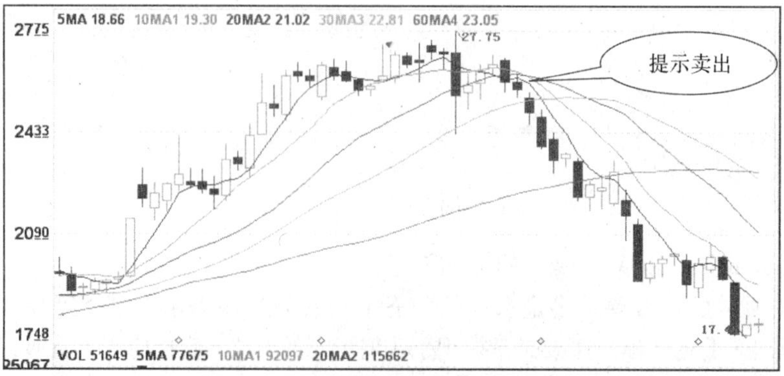

图3－37 圆弧顶

圆弧底的标准图形见图 3－38，其分析与圆弧顶的分析相反。

【实例链接】　圆弧底，买入信号。

圆弧底——银河动力（000519），见图 3－38。

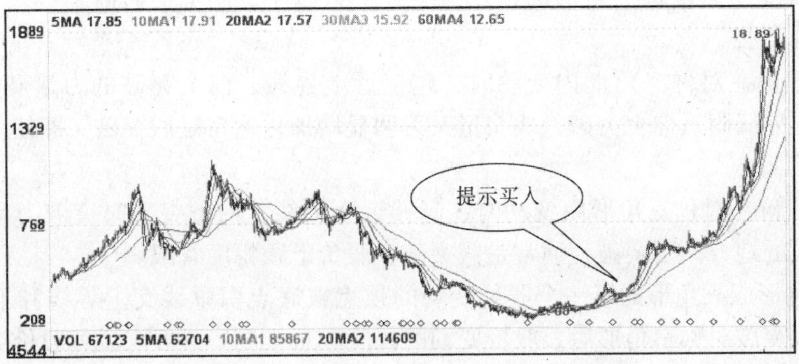

图 3－38　圆弧底

二、持续整理形态

任何事物的发展都具有阶段性，股价的变动也不例外。股票市场多空双方对阵，当某种股票上涨一段时期后，获利投资者的数量会相应增加，获利回吐或看淡后市的投资者也会随之增加，导致多空双方力量的转变或地位的转换，股价开始回跌调整。股价如在一定的价位区域内盘档整理一段时间后继续上升，那些对股价继续上升具有提示功能或预测价值的股价变动形态就是我们将要介绍的整理形态。股价下跌的情况亦如此。整理形态大致有以下几种：

（一）三角形

三角形是属于持续整理形态的一种形态。三角形主要分为三种——对称三角形、上升三角形和下降三角形。下面以对称三角形为例予以说明。

1. 形态特征。标准的对称三角形形态见图 3－39 所示，其特点是：在股价整理圈中，股价波动的幅度逐渐缩小，如果将每次波动的顶点连结起来，再将每次波动的底点连结起来，形成一个水平的对称三角形。在股价整理圈内，至少应有两个顶点和两个底点才能形成对称三角形。

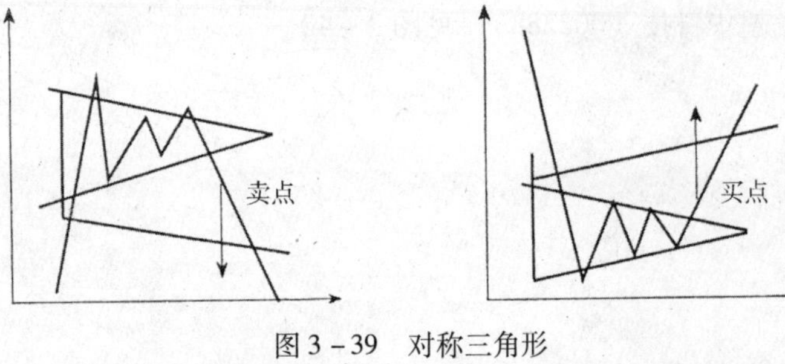

图 3－39　对称三角形

2. 对称三角形态的测市功能与投资策略：

（1）股价变动呈对称三角形，表示股价的顶点下移，而底部上移，市场力量均衡，突破方向很难确定，因此，对称三角形可能是反转形态，也可能是整理形态。投资人应在形态完成后，股价有效突破时再考虑入市。

（2）股价变动越接近三角形的顶点，突破力量越小。向上突破时需要大成交量配合，向下突破时则不必。

（3）当股价在对称三角形内变动时，越接近上界线，向上突破的力量和可能性越小。如果在接近上界线附近向上突破，成交量又无明显增加，通常是假突破，即使上升，升幅亦有限。

（4）当股价在对称三角形内变动时，越接近下界线，向下突破时突破力量越小。如果在接近下界线的地方向下突破，通常是假突破，股价下跌幅度有限。

（5）通过形成三角形的第一个股价变动的顶点或底点引垂线交上界线和下界线形成底边。股价有效突破对称三角形后，股价变动的幅度较难推测。一般来说，股价突破形态后的变动幅度至少是对称三角形底边的长度。

上升三角形是对称三角形的变形体。对称三角形有上下两条直线，将上面的直线逐渐由向下倾斜变成水平方向就得到上升三角形。除了上面的直线是水平的以外，上升三角形同对称三角形在形状上没有什么区别。上升三角形比起对称三角形来，有更强烈的上升意识，多方比空方更为积极。通常以三角形的向上突破作为这个持续过程终止的标志。

上升三角形被突破后，也有测算的功能，测算的方法同对称三角形类似。图 3－40 是上升三角形的简单图示以及测算的方法。

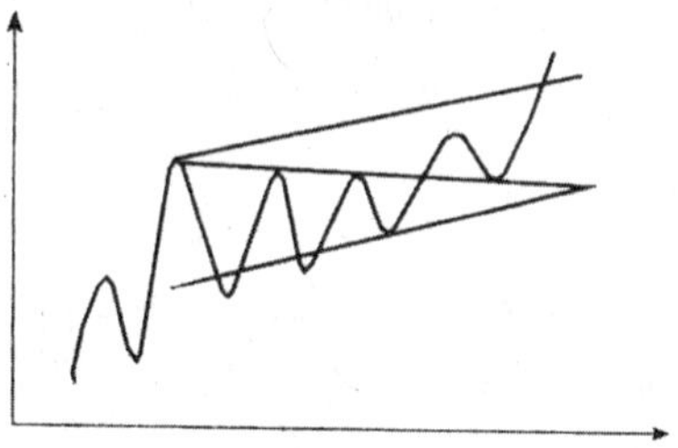

图 3－40　上升三角形

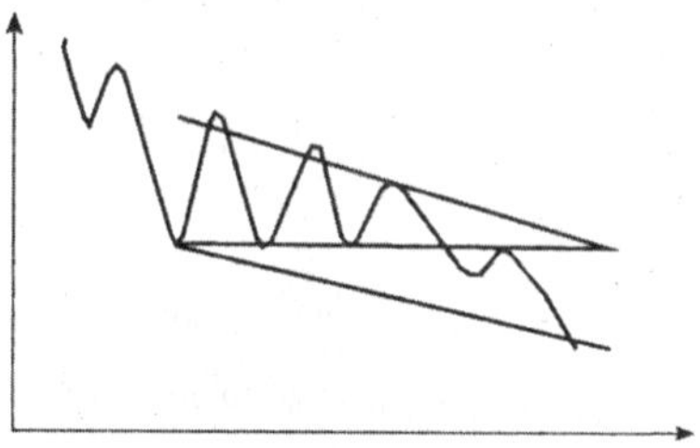

图 3－41　下降三角形

【实例链接】上升三角形，提示买入。

上升三角形——超华科技（002288），见图 3－42。

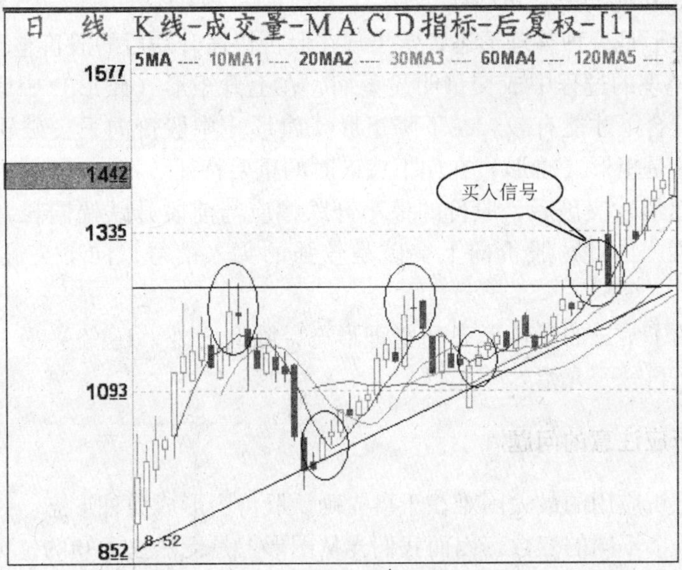

图 3－42　上升三角形

下降三角形同上升三角形正好反向，是看跌的形态。它的基本内容同上升三角形可以说完全相似，只是方向相反。从图 3－41 可以明白地看出下降三角形所包含的内容。

（二）矩形与旗形

1. 形态特征。矩形又叫箱形。标准的矩形见图 3－43 所示，其特点是股票价在两条横着的水平直线之间上下波动，作横向延伸的运动。旗形原理相同，见图 3－44 所示。

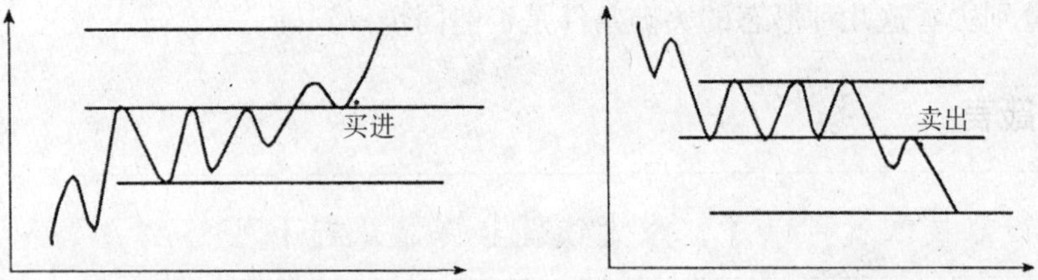

图 3－43　矩形

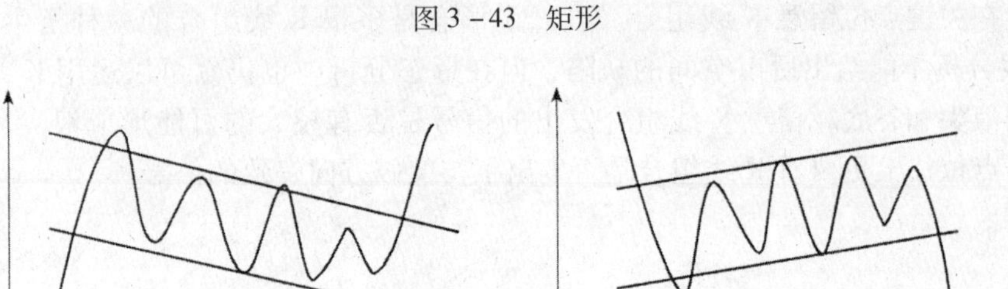

图 3－44　旗形

2. 形态的测市功能与投资策略：

(1) 矩形与旗形是一种整理形态，常出现在股价快速升跌后的股价整理圈中。

(2) 在股价整理的过程中成交量明显萎缩，在上升矩形（旗形）中股价向上突破，必须在大成交量的配合下才能有效。在下降矩形（旗形）中股价向下突破轨道下界线时成交量亦大量增加，这是矩形（旗形）在向下突破时的重要特征。

(3) 矩形（旗形）突破后，股价的最小升跌幅应与前段升跌幅同长，而且突破后升跌幅较大，来势凶猛。因此，股价向上突破是较强的买入信号，向下突破也是较强的卖出信号。

以上我们介绍了常见的反转形态和整理形态，除此之外，还有 V 形、楔形、菱形、喇叭形等等。这里不再一一介绍。

三、应用形态分析应注意的问题

首先，形态分析应用的最大困难在于事先确认股价会形成何种形态。一个尚未完成的形态，后市会有若干个不同的变数，因而我们光从图形上是无法去预知的，可也不能等到形态完全明朗后再采取动作，那样做只会失去最佳的机会。所以形态分析与 K 线分析一样，最重要的不是去看图形，而是要结合其他因素看它的确认条件，分析后市中最有可能形成哪种形态，在打破平衡之前加以确认。

其次，注意形态在时间和空间上的不确定性。这种不确定性体现在两个方面：一方面从行情空间的角度来说，短线上的顶部和底部形态有可能是更大的空间跨度内整理形态的一部分。另外一些形态本身在盘面上就难以区别，比如说不规则的圆顶与头肩顶；另一方面在不同的时间跨度上存在周期不同的形态相互嵌合，比如说一个 V 形反转在更大的周期内来看只是一个大箱体震荡的一个小谷底，这种相互嵌合的形态如果突破点位重合在同一个位置时，就需要分别去看这几种形态的突破条件是否能同步得到确认。

投资箴言

> 赚小钱靠技术就可以了，赚大钱就非得靠意志不可。

最后，在关键点位留意 K 线组合。虽然说形态是多根 K 线组合的一种衍生分析方式，克服了 K 线分析不能给出后市空间的缺陷，但在形态分析中也仍然可以运用 K 线组合。在关键点位如浪尖和谷底，留意 K 线组合发出的信号是否有较大的可能形成浪尖和谷底，尤其是在突破点位往上更要看 K 线组合是否发出了与突破方向一致的信号。

任务四
把握缺口分析

任务导入

2016年9月12日星期一大盘大幅低开41点以3037点开盘，近小幅回升至全天最高点的3040点，即再度走出逐级下探的走势；下午开盘继续逐级下探，探底2999点，尾盘小幅震荡回升报收于3021点，下跌56点，形成显著的向下跳空缺口，小明对跳空缺口很感兴趣，下面让我们探个究竟。

知识准备

一、缺口的概念

股票市场股价变动具有连续性，但由于受突发的利多或利空因素的影响，持股者惜售或卖者急于脱手，供求短期内严重失衡，股价开盘后跳空上升或下跌，使股价走势图出现不连续的现象。所谓缺口就是指股价走势图中没有交易的价位区域，缺口使走势的连续性遭到破坏。在股价变动周期中，出现在不同位置的缺口市场意义不同，对后市趋向的预测和提示功能亦不同。

二、缺口的分类

按照缺口市场意义的不同，可将缺口分成四类，即普通缺口、突破缺口、继续缺口和竭尽缺口。

1. 普通缺口。普通缺口常出现在股价整理圈内，出现在整理形态的机会较反转形态大，因此若发展中的矩型或三角形中出现缺口时，就能确定此形态为整理形态。普通缺口很容易被封闭，所需时间较短（一般3～5天），能帮助投资者研判某种形态的形成。

2. 突破缺口。当某种形态完成后，股价跳空向上或向下有效突破，这种类型的缺口表示真正的突破已经形成，股价将沿着突破方向继续变动。换句话说，股价向上突破盘局，整理区域便成为支撑区域，后市将有一段上升行情；股价向下突破盘局，整理区域便成为阻力区域，后市将有一段下跌行情。

在K线图中，形成突破缺口的K线，通常是阳线或长阴线，显示多方或空方的力量得以伸展，另一方则全面败退。同时，突破缺口的出现，是对突破有效性的确认，突破缺口越大，未来股价变动幅度越大。

股价向上突破形成缺口，必须有大成交量的配合。如果形成缺口后成交量未扩大甚至减少，表示突破后并没有大换手，行情变动一段时间后很可能回跌封闭缺口。突破缺口出现后，成交量不但没有减少，反而扩大，则此缺口意义深远，近期内将不会封闭。

股价向下突破形成缺口，股价继续下跌无须大成交量的配合。

3. 继续缺口。继续缺口是指股价变动中途出现的缺口。当股价突破整理形态或反转形态变动一段时期后出现缺口，形成缺口后股价继续朝原方向变动，就可确认该缺口是继续缺口。根据继续缺口可大致预测出未来股价变动的幅度，所以这种缺口又称为测量缺口。如果股价变动的过程中出现两个缺口，那么股价变动的中点就可能在两个缺口之间，从而可计算出股价变动终点的大概位置。如果连续出现跳空现象，跳空次数越多，离股价变动终点的位置越近。

4. 竭尽缺口。竭尽缺口是指中长期趋势后期出现的缺口。在多头市场出现此类缺口，表示长期上升行情即将结束；空头市场出现此类缺口，表示长期下跌行情接近尾声。

在上升行情中，如果缺口出现之交易日或次日成交量比以前扩大许多，而且预期将来一段时期内不可能出现更大成交量或继续此成交量水平，该缺口有可能是竭尽缺口。如果缺口出现后的第二天出现单日反转形态且收盘价停在缺口附近，就可肯定是竭尽缺口。各种缺口在K线图中的部位见图3－45。

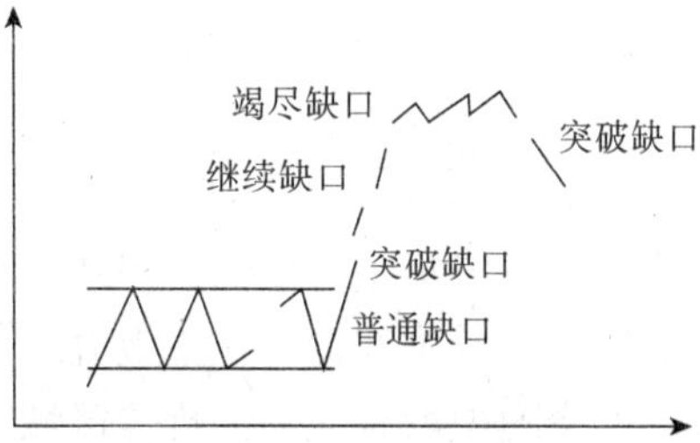

图3－45 缺口分类

【实例链接】 向上缺口，买入信号。

海王生物（000078）2009年8—11月走势，见图3－46。

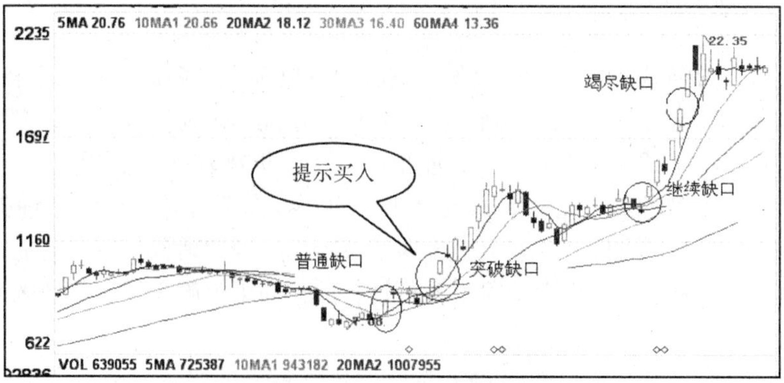

图3－46 缺口类型

【实例链接】 向下缺口，卖出信号。

中金黄金（600489）2009年9—11月走势，见图3－47。

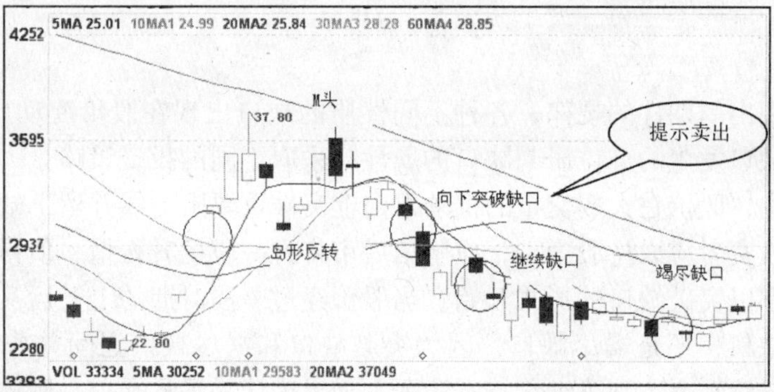

图 3－47　缺口类型

三、关于缺口的比较分析

缺口现象在 K 线图中经常出现，缺口理论是研判股价变动趋向的常用方法。如何根据缺口出现的部位和封闭前后股价变动状况预测股价未来的走势，是投资人最关心的事情。

对缺口性质的研判，大致需要考虑以下几方面：

1. 普通缺口与竭尽缺口都会在几天内被封闭，从缺口所在的位置极易分辨此两种缺口。普通缺口出现时股价正处于整理阶段，而竭尽缺口出现时股价将要进入反转形态。

2. 普通缺口与突破缺口都发生在股价整理圈附近，前者在形态内部，后者跳出形态。

3. 突破缺口、继续缺口和竭尽缺口都在股价整理圈外，突破缺口表示股价大幅变动的开始，继续缺口表示股价已有一段升跌幅，接近变动的中点，而竭尽缺口则表示股价变动已经到达终点。

4. 继续缺口和竭尽缺口均发生在股价大幅升跌后，两者的区别是：竭尽缺口出现的当天或第二天成交量达到极限，预测短期内成交量不能维持或继续扩大；继续缺口出现当天的成交量虽然较往日扩大，但后市有继续扩大的可能。

5. 突破缺口与继续缺口短期内不会被封闭，突破缺口被封闭所需要的时间最长。

【实例链接】　缺口性质的研判

上证指数 2012 年 5—9 月走势，见图 3－48。

图 3－48　缺口分析

四、投资策略

股价变动呈现出周期性的规律，各种不同性质的缺口出现在股价变动周期的不同部位。投资者必须根据缺口发生的部位研判缺口的属性，采取不同的投资策略。

在上升行情中，股价在大成交量的推动下向上突破重要阻力线并留下缺口，这是多头行情的一般特征，投资者应以持股为主，应坚信后市将有一段扬升行情。值得注意的是，并非所有的多头行情都以突破缺口的形式开始。当股价经过一段时期的上升后又出现缺口，此时应研究这是继续缺口，还是竭尽缺口，因为突破缺口和竭尽缺口之间并非一定出现继续缺口。如果确认是继续缺口，则可继续持有股票。如果确认是竭尽缺口，则应立刻不限价抛出全部股票，保持战果。

在下跌行情中，突破缺口的确认不需成交量增加来印证。投资者应在突破缺口出现时卖出所有股票做空，而在竭尽缺口出现时少量买进，当行情反转上升时才大量买进做多。

知识拓展

一个特殊的缺口形态——岛形反转

股价在上升和下降的过程中，出现两个大体对称的缺口形态，因卖出信号强烈，可操作性强，称之为“岛形反转”。反之，股价在下降和上升的过程中，出现两个大体对称的缺口形态，因买入信号强烈，可操作性强，亦称之为“岛形反转”。见图 3－47、图 3－49。

【实例链接】 向上岛形反转，买入信号。

穗恒运（000531）2008 年 10 月以后走势，见图 3－49。

图 3－49 岛形反转

【实例链接】 缺口性质的研判。

上证指数 2013 年 3 月—2014 年 3 月走势，见图 3－50。

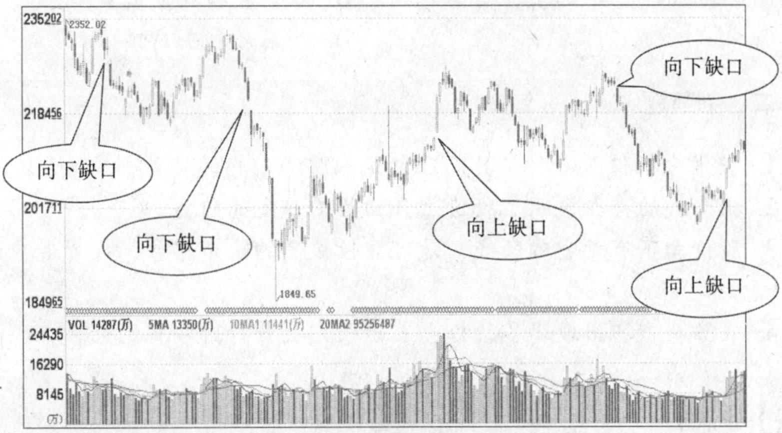

图3－50　上证指数缺口分析

项目小结

本项目主要介绍了技术分析的含义及要素，着重说明了股价分析、形态分析和缺口分析的内容和方法，从而为投资者提供了预测证券价格未来变动趋势的几种分析方法。通过学习应着重掌握K线分析和形态分析的基本内容，学会进行缺口分析。

本项目重点是K线分析、形态分析。

项目作业

一、选择题

1. 技术分析的三大要素是（　　）。

A. 证券价格　　B. 资金的多少

C. 成交量　　D. 价格变动的时间跨度

2.（　　）是证券投资技术分析中最基本的方法，它反映了股价变动的基本情况。

A. K线分析　　B. 波浪分析

C. 形态分析　　D. 辅助线分析

3. 技术分析的三大要素是（　　）。

A. 价格　　B. 成交量

C. 图形　　D. 时间

4. 下列属于反转突破形态的是（　　）。

A. 三角形　　B. 双重底和双重顶
C. 旗形　　D. 头肩底和头肩顶

二、判断题

1. 技术分析仅是一种工具而已，是人脑和手指的延伸。（　　）
2. 上影线的存在说明了股价上升面临着一定的阻力。（　　）
3. 股价向下有效突破颈线，是可靠性极高的出市信号，投资者应卖出股票。（　　）
4. 在多头市场出现竭尽缺口，表示长期上升行情即将结束。（　　）

【技能训练】3-1

实训项目	K 线分析
实训任务	1. 学习 K 线的画法，明确 K 线的意义 2. 学习常见的底部、顶部 K 线组合 3. 选择两只股票，观察其股价变化，并根据 K 线判断股价的走势
实训目的	学习 K 线分析的实际意义，培养学生进行技术分析的基本知识和技能，分析股价趋势
条件要求	开通互联网的证券实验室（配有投影仪）
时间安排	2 节课
考核要求	完成无纸化实训报告，并保存在个人投资文件夹中
实训过程提示	第一，说明本次实训的任务与目标；第二，说明实训报告填写的基本框架；第三，提示学生如何验证 K 线分析的可行性；第四，组织、指导学生实训；第五，请两名同学介绍自己是如何根据 K 线来进行分析的
实训报告	

【技能训练】3－2

实训项目	形态分析
实训任务	1. 学会把握住主要的形态特征 2. 选择两只股票，根据走势判断可能出现的形态
实训目的	从实践中学习形态的变化趋势，培养学生把握住主要的形态特征，分析股价趋势
条件要求	开通互联网的证券实验室（配有投影仪）
时间安排	2 节课
考核要求	完成无纸化实训报告，并保存在个人投资文件夹中
实训过程提示	第一，说明本次实训的任务与目标；第二，说明实训报告填写的基本框架；第三，提示学生如何把握住主要的形态特征；第四，组织、指导学生实训；第五，请两名同学介绍自己是如何根据形态来进行分析的
实训报告	

【技能训练】3－3

实训项目	缺口分析
实训任务	1. 选择一只产生缺口的股票，了解缺口产生的原因 2. 选择一只已形成缺口的股票，判断缺口的种类，预测股价的走势 3. 根据上证指数 2016 年 1 月以来走势，判断缺口的种类
实训目的	培养学生进行缺口分析的能力，加强对缺口分析的实践认识，提高分析水平
条件要求	开通互联网的证券实验室（配有投影仪）
时间安排	2 节课
考核要求	完成无纸化实训报告，并保存在个人投资文件夹中
实训过程提示	第一，说明本次实训的任务与目标；第二，说明实训报告填写的基本框架；第三，提示学生如何进行缺口分析；第四，组织、指导学生实训；第五，请两名同学介绍自己是如何根据缺口来进行分析的

续表

实训报告	

【技能训练】3 -4

实训项目	模拟资金实盘买卖
实训任务	1. 启动模拟投资软件 2. 每个学生分配5万元模拟资金 3. 根据已学的基本分析知识和现有的技术分析知识开始进行证券投资 4. 投资对象可以在股票、债券、投资基金中任意选择 5. 实行竞赛制，限期两个月，按盈利能力排名给予奖励
实训目的	运用模拟投资软件，培养学生实际动手能力和投资分析能力
条件要求	开通互联网的证券实验室（配有投影仪）；向学生提供开展模拟证券交易的网站
时间安排	4节课
考核要求	完成无纸化操作记录，说明买卖或无操作的理由。保存在个人投资文件夹中并发至班级管理员（课代表）
实训过程提示	第一，说明本次实训的任务与目标；第二，说明操作记录填写的基本内容（包括：买卖时间、证券名称或代码、买入卖出价格、买卖理由、持仓及盈亏状况）；第三，提示学生如何进行分析、买卖；第四，请两名同学介绍自己是如何进行分析和买卖的
实训报告	

项目四

4 掌握证券投资技术分析（二）

知识目标

□ 了解道氏理论的基本内容，了解主要技术指标的用法，了解波浪理论的基本内容

能力目标

□ 掌握辅助线的画法及运用，初步学会运用移动平均线测市的八条法则

任务一 了解道氏理论

任务导入

技术分析的鼻祖查尔斯·亨利·道认为，股价沿趋势而动，如果没有“外力”的影响，股价将保持其原有运动方向，这一观点被认为是证券技术分析的核心思想。投资者只有在准确把握趋势的方向、时间与空间跨度的情况下，才有可能选择正确的买卖方向和买卖时机。那么，究竟该如何把握股价趋势呢？

知识准备

一、基本内容

道氏理论将证券市场上的价格波动趋势概括为三类。

（一）基本趋势

基本趋势也称原始波动和长期趋势，即股价广泛或全面性的上升或下降的变动情形。这种波动持续的时间通常为一年或一年以上，股价波动的幅度超过20%。对于投资者来说，基本趋势持续上升就形成了多头市场（牛市），持续下降就形成了空头市场（熊市）。

资料传真

“牛市”与“熊市”的由来

在表现股市涨跌时，18世纪西方人选择了“牛”和“熊”这两个物种。因为在西方古代文明中，牛代表着力量、财富和希望，而熊代表着抑制狂热、消化自身、见机重生。人们用“牛市”表示股市上升之势，代表了一种对财富的期盼。人们用“熊”表示跌市，其深远意义在于：股市的调整是不为人们的意志所左右的，熊市是牛市的消化，使之再度循环。人们在必要的时候从喧嚣中归隐起来，耐心等待，直到重生机会的来临。

（资料来源：http：//wenwen. sogou. com。）

1. 多头市场。多头市场通常可以分为三个阶段：

第一阶段：买方看好，开始买进，而卖方观望，出售不多，交易量缓慢增加。

第二阶段：由于企业经营状况好转，利润增加，股价持续、稳定地增长，交易量大增。

第三阶段：股市更加活跃，投机泛滥，新股票趁机大量发行上市，股价上升趋于尾声。

2. 空头市场。空头市场也可以分为三个阶段：

第一阶段：上升时期的尾声，投资者认识到企业收益已达高峰，股价已达顶点，开始抛出，想从差价中获取高额利润，但需求下降，交易额逐渐减少。

第二阶段：需求量显著减少，而供应量不断增加，交易量剧减，股价大跌。

第三阶段：企业经营不断恶化，股价仍继续下降，但速度逐渐减慢，处于股市衰退的尾声。由于股价过低，投资者不愿出售，因而交易量不大。

（二）次级趋势

次级趋势又称次级运动，由于它经常与基本趋势的运动方向相反，并对其产生一定的牵制作用。因而也称为修正趋势。这种趋势持续的时间从3周至数月不等，它可使股价上升或下降的幅度一般为股价基本趋势的1/3～2/3。

（三）短期趋势

短期趋势也称日常波动，它反映了股价在6天内的变动情况。修正趋势通常由三个或三个以上的短期趋势所组成。

道氏理论认为以上三种运动，正如潮水的涨落。基本趋势似潮流，次级趋势似波浪，短期趋势似波纹。

【实例链接】　把握主要趋势。

趋势分析，见图4-1。

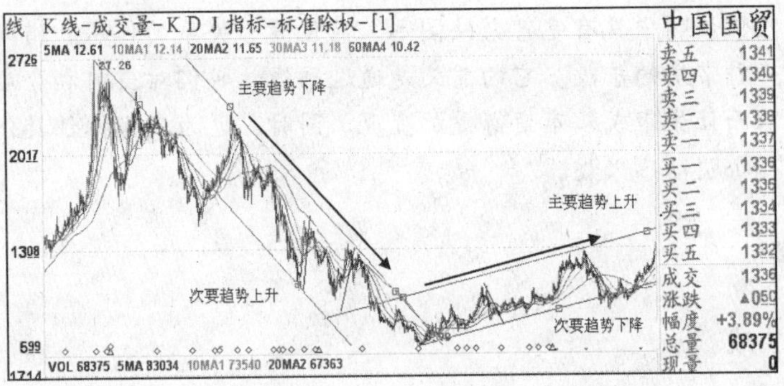

图4-1　趋势分析

二、道氏理论的应用

道氏理论是技术分析的基础，投资者在利用道氏理论测市时，应注意以下原理的应用。

1. 在上述三种趋势中，长期投资者最关心的是股价的基本趋势，其目的是想尽可能早地在多头市场上买入股票，而在空头市场形成时及时地卖出股票。短期投资者则对股价的修正趋势比较感兴趣，其目的是想多从中获取短期的利润。短期趋势的重要性较小，且易受人为操纵，因而不便作为趋势分析的对象。

2. 道氏理论认为，股票价格的变动具有一种惯性，而股价一旦沿着一定方向移动时，这种运动的惯性会使股价沿着同一方向继续移动形成长期趋势。每当中期趋势上升时，本次谷底较上次为高，就表明长期趋势上升，投资者应在底部买进股票；每当中期趋势下跌时，本次波峰较上次波峰为低，就表示长期趋势下降，投资者应在顶部卖出股票，见图4-1。

知识拓展

道氏理论的缺陷：（1）道氏理论注重长期趋势分析，投资者入市机会较少，回转过慢，对短线操作者没有多大帮助。（2）道氏理论只能用来推断股市的大趋势，却不能预测出股价跌幅的程度。（3）道氏理论建议投资者当两种趋势互相确认时入市，这样做往往慢半拍，失去最好的入市时机。（4）道氏理论只重视股市的长期变动方向，对选择股票没有帮助。

任务二
学会辅助线分析

任务导入

辅助线在几何证明中具有完善欠缺图形、显化隐含关系的作用。借助辅助线来进行证券投资也是一种常用的手段。它的意义是通过画线让我们对当前和今后股价趋势有一个总体认识，从而让牛市或熊市变得更加直观。同时，也为我们抓住具体买卖时机提供了依据。对此，小明很感兴趣。

知识准备

一、支撑线和压力线

（一）支撑线和压力线的含义

支撑线又称为抵抗线。当股价跌到某个价位附近时，股价停止下跌，甚至有可能还有回升，这是因为多方在此买入造成的。支撑线起阻止股价继续下跌的作用。这个起着阻止股价继续下跌或暂时阻止股价继续下跌的价格就是支撑线所在的位置。

压力线又称为阻力线。当股价上涨到某价位附近时，股价会停止上涨，甚至回落，这是因为空方在此抛出股票造成的。压力线起阻止股价继续上升的作用。这个起着阻止或暂时阻止股价继续上升的价位就是压力线所在的位置。

（二）支撑线和压力线的作用

支撑线和压力线是阻止或暂时阻止股价向一个方向继续运动。比如说，要维持下跌行情，就必须冲破支撑线的阻力和干扰，创出新的低点；要维持上升行情，就必须突破上升压力线的阻力和干扰，创出新的高点，见图 4－2。

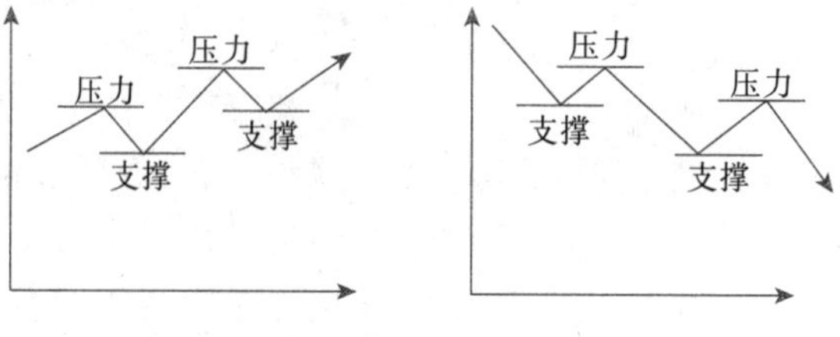

图 4－2　支撑线和压力线

同时，支撑线和压力线又有彻底阻止股价按原方向变动的可能。当一个趋势终结了或者说到头了，它就不可能创出新的低价和新的高价，这样支撑线和压力线显得异常重要。

在上升趋势中，如果下一次未创出新高，即未突破压力线，这个上升趋势就已经处在很关键的位置了，如再往后的股价又向下突破了这个上升趋势的支撑线，这就产生了一个趋势有变的很强烈的信号，通常意味着这一轮上升趋势已经结束，下一步的走向是下跌的过程，见图4－3a。

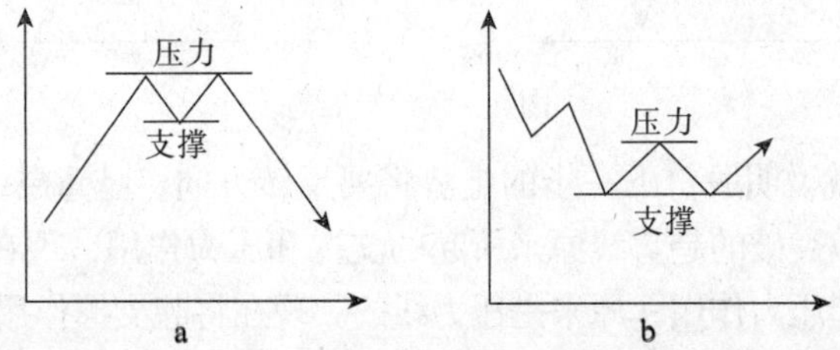

图4－3　支撑线和压力线

同样，在下降趋势中，如下次未创新低，即未突破支撑线，这个下降趋势就已经处于很关键的位置，如果下一步股价向上突破了这个下降趋势的压力线，这就发出了这个下降趋势将要结束的强烈信号，股价的下一步将是上升的趋势，见图4－3b、图4－4。

【实例链接】　压力线与支撑线的转换，突破压力线，回落获得支撑，买入信号。

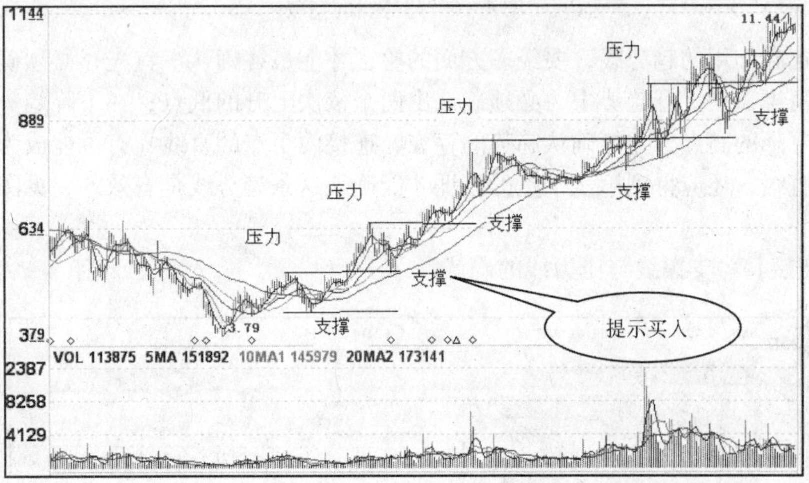

图4－4　支撑线与压力线的转换

二、趋势线和轨道线

（一）趋势线

趋势线是衡量价格的趋势的，由趋势线的方向可以明确地看出股价的趋势。在上升趋势中，将两个低点连成一条直线，就得到上升趋势线。在下降趋势中，将两个高点连成一条直线，就得到下降趋势线，见图4－5。

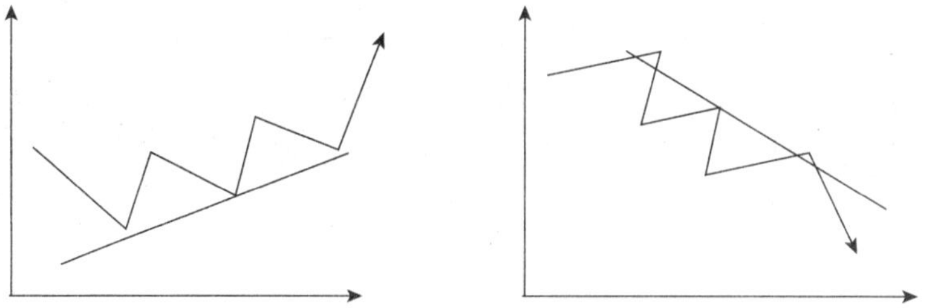

图 4－5　趋势线

趋势线被突破后，就说明股价下一步的走势将要反转方向。越重要越有效的趋势线被突破，其转势的信号越强烈。被突破的趋势线原来所起的支撑和压力作用，现在将相互交换角度。即原来是支撑线的，现在将起压力作用；原来是压力线的，现在将起支撑作用，见图4－6。

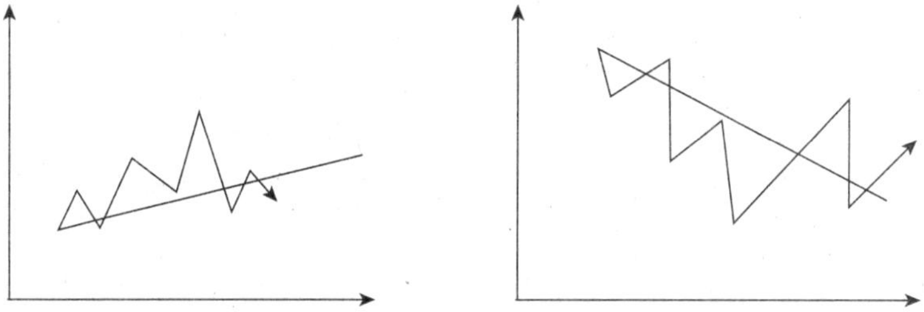

图 4－6　趋势线的突破

一条真正起作用的趋势线，要经多方面的验证才能最终确认。首先，必须确实有趋势的存在。也就是说，在上升趋势中，必须确认出两个依次上升的低点；在下降趋势中，必须确认两个依次下降的高点，才能确认趋势的存在，连接两个点的直线才有可能成为趋势线。其次，画出的直线，还应得到第三个点的验证才能确认这条趋势线是有效的，见图 4－7。

【实例链接】　支撑线与压力线的确认。

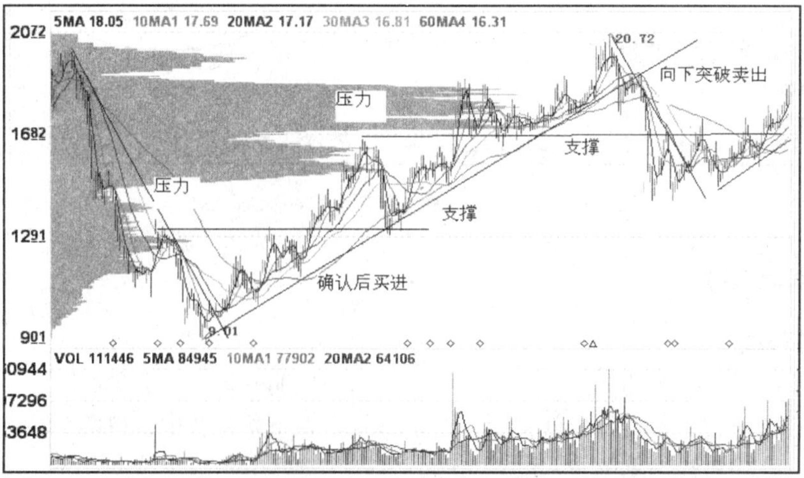

图 4－7　支撑线与压力线的确认

（二）轨道线

轨道线又称通道线或管道线，是基于趋势线的一种方法。在已经得到趋势线后，通过第一个峰或谷可以做出这条趋势线的平行线，这条平行线就是轨道线，即图 4－8 中的虚线。

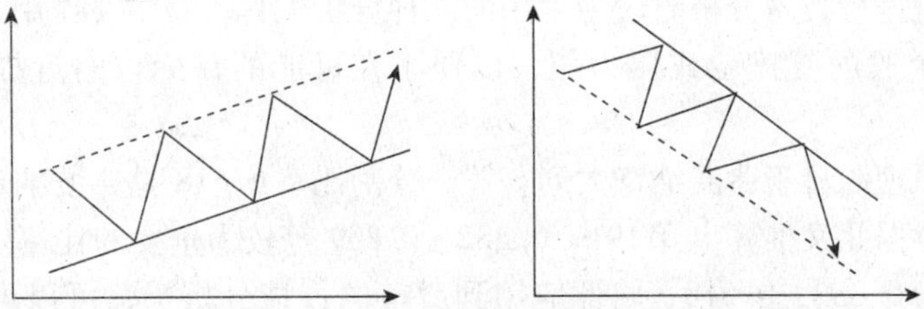

图 4－8　轨道线

两条平行线组成一个轨道，这就是通常所说的上升和下降轨道。轨道的作用是限制股价的变动范围，让它不能变得太离谱。与突破趋势线不同，对轨道线的突破并不是趋向反转的开始，而是趋势加速的开始，即原来的趋势线的斜率将会增加，趋势线将会更加陡峭，见图 4－9。

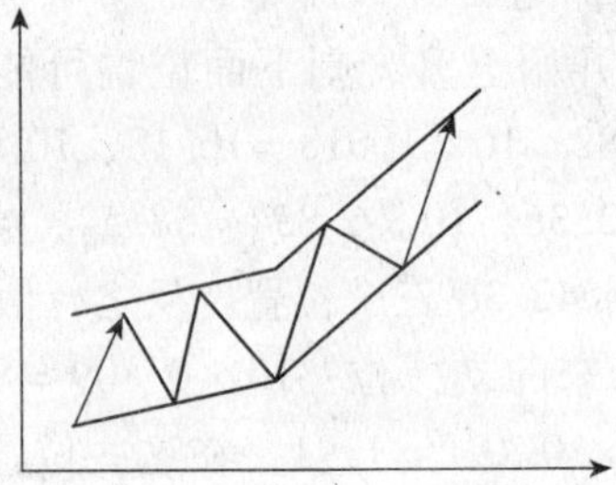

图 4－9　趋势的加速

轨道线被触及的次数越多，延续的时间越长，其被认可的程度和其重要性就越高。轨道线的另一个作用是提出趋势转向的警报。如果在一次波动中未波及到轨道线，离得很远就开始掉头，这往往是趋势将要改变的信号。它说明市场已经没有力量继续维持原来的上升或下降的规模，见图 4－10。

【实例链接】　轨道线内，逢低买入，逢高卖出。

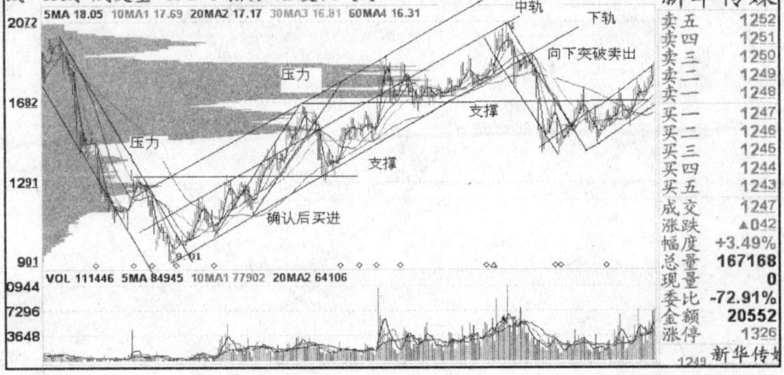

图 4－10　轨道线

三、黄金分割线和甘氏线

（一）黄金分割线

黄金分割线是进行技术分析时较为常用的一种分析工具，其主要作用是运用黄金分割率预先给出股指或个股的支撑位或压力位，以便于在可能的目标位附近提前做好操作上的准备。

黄金分割的原理源自于弗波纳奇数列，黄金分割比率0.618是弗波纳奇数列中相邻两个数值的比率，同时据此又推算出0.191、0.382、0.809等较为重要的比率。其中，黄金分割中最常用的比率为0.382、0.618，将此应用到股市的行情分析中，可以理解为上述比率所对应位置一般容易产生较强的支撑与压力。在一轮中级行情结束后，股指或股价的趋势会向此前相反的方向运动，这时无论是由跌势转为升势或是由升势转为跌势，都可以以最近一次趋势行情中的重要高点和低点之间的涨跌幅作为分析的区间范围，将原涨跌幅按0.191、0.382、0.50、0.618、0.809划分为5个黄金分割点，股价在行情反转后将可能在这些黄金分割点上遇到暂时的阻力或支撑，见图4-11。

假如一只股票从10元起步开始上升，则下面位置可能会成为其未来的压力位：10×1.191=11.91，10×1.382=13.82，10×1.618=16.18，10×1.809=18.09，10×2=20，10×2.618=26.18，10×4.236=42.36，10×6.854=68.54，在这些位置中，最有可能成为未来上升压力的是16.18、26.18和42.36三个位置。反之，假如一只股票从10元起步开始下跌，则下面位置可能会成为其未来的支撑位：10×0.809=8.091，10×0.618=6.18，10×0.5=5，10×0.382=3.82，10× 0.191=1.91，在这些位置中，6.18、5和3.82最有可能产生实际的支撑作用。

【实例链接】　黄金分割线位置，逢低买入，逢高卖出。

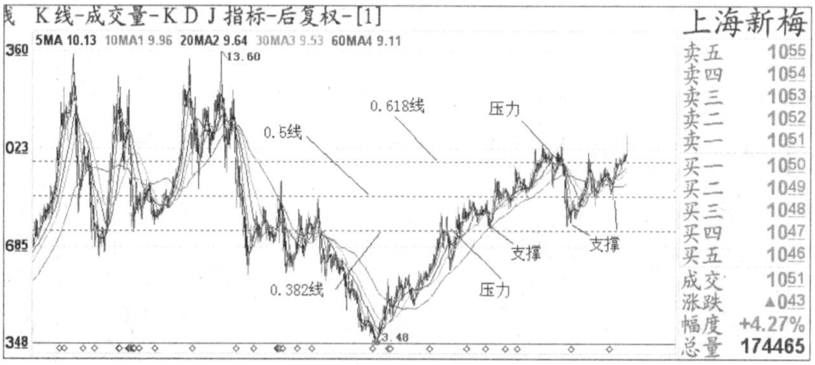

图4-11　黄金分割线

知识拓展

弗波纳奇数列是1，1，2，3，5，8，13，21，34，55，89，144，233……等等。这个数列有许多有趣的性质：（1）相连接的两个数字之和等于它们之后的数字。如：1+1=2，2+3=5。(2) 除最前面的四项外，每个数字与其后项数字之比近似等于0.618。例如：13÷21≈0.618，21÷34≈0.618。(3) 除最前面的四项外，每个数字与其前项数字之比近似等于1.618。例如：13÷8≈1.618，21÷13≈1.618。（4）除前面四项外，任一数字与其前两项数字之比近似等于2.618，与其后两项数字之比近似等于0.382，例如：13÷5≈2.618，13÷34≈0.382。(5) 上述（3）与（2）中的1.618与0.618相乘，将返回级数原点1。这组数字也被称为神秘数字，而0.618和1.618就叫做黄金分割率。另外，上述奇异数字组合除能反映黄金分割的两个基本比值0.618和0.382外，还存在下列两组神秘比值，即：（1）0.191，0.382，0.5，0.618，0.809；（2）1，1.382，1.5，1.618，2，2.382，2.618……

（二）甘氏线

甘氏线是将百分比原理和几何角度原理结合起来的产物。甘氏线是从一个点出发，依一定的角度，向后画出的多条直线。所以，有些书上把甘氏线称为角度线，见图4－12。

图中的每条直线都有一定的角度。每条直线都有支撑和压力的功能。但这里最重要的是45度线、63.75度线和26.25度线。其余的角度虽然在股价的波动中也能起一些支撑和压力作用，但重要性不大，都很容易被突破。

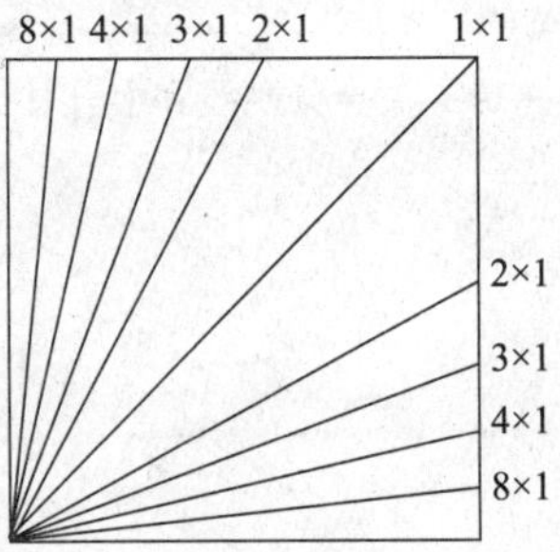

图4－12　甘氏线

具体画甘氏线的方法是首先找到一个点，然后以此点为中心按照图4－12所画的各条直线直接画到图上即可。被选择的点，一定是显著的高点和低点，如果刚被选中的点马上被创新的高点和低点取代，则甘氏线的选择也随之变更。如果被选到的是高点，则应画下降甘氏线。这些线将在未来的时间内起支撑和压力作用。如果被选到的点是低点，则应画上升甘氏线，见图4－13。这些线将在未来起支撑或压力作用。

【实例链接】　上升甘氏线位置，逢低买入，逢高卖出。

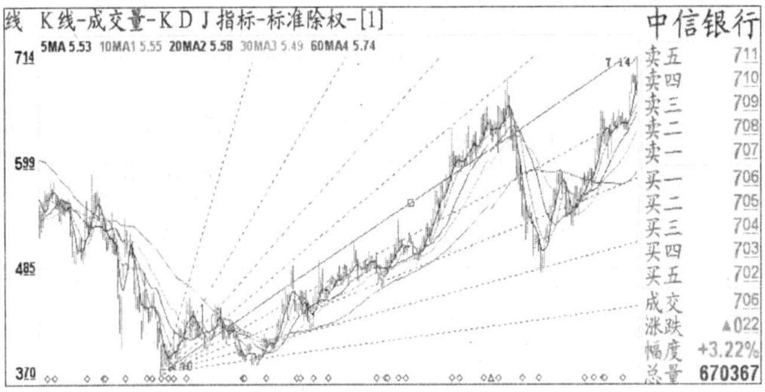

图 4－13　上升甘氏线

【任务讨论】

如果将黄金分割线和上升甘氏线结合起来分析会是什么结果呢？见图 4－14。

【实例链接】　黄金分割线和上升甘氏线位置，逢低买入，逢高卖出。

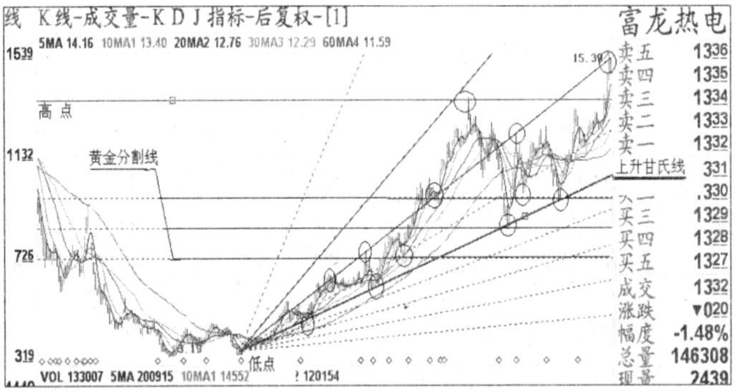

图 4－14　黄金分割线和上升甘氏线

任务三
掌握移动平均线分析

任务导入

小明知道什么是平均数，但移动平均线是怎么回事？移动平均线是技术分析中最常用的一种分析方法。因其简单、实用、灵活，当今任何一套投资分析软件中都包含该技术指标。如果一个投资者能熟练地运用移动平均线，那么就极有可能在市场中获利，移动平均线为何如此神奇呢？因为它对应了两句成功的市场格言“顺势而为”和“让你的利润充分增长，让你的损失尽量减少”，它从不预测，仅对事实做出反应。

知识准备

一、移动平均线的概念和种类

移动平均线主要是用于预测分析股价趋向的动态过程，它是根据统计理论的移动平均原理，剔除股市的偶然变动，如市场心理影响、突发事件或谣传等非常规因素，运用移动平均的技术，构成股价变化的动态趋势线。它是投资者进行行情分析、决定买卖股票的重要依据。

画移动平均线，首先要知道什么是移动平均数。而要计算移动平均数，首先是确定样本的大小，即要画多少日的移动平均线，如果样本为 10 天，所谓“平均”就是将前连续 10 日的股价加总再除以 10，所谓“移动”就是我们在计算过程中始终采用最近 10 天的价格依据，而后顺次后移一日再加总平均，就得出一系列的移动平均数。我们将移动平均数一个个在坐标图上描出并连成一线，就可以得出移动平均线。

样本的差别决定了移动平均线有很多种类，但一般把移动平均线分为短期、中期、长期移动平均线三种：

1. 短期移动平均线。有 5 日线、10 日线、15 日线等，以 10 日线使用最为广泛。能较准确地反映短期股价平均成本的变动趋势。

2. 中期移动平均线。有 30 日线，8 周、10 周线等。

3. 长期移动平均线。有 150 日线、200 日线和 300 日线等。一般来说，短期移动平均线比较敏感，但不能很好地反映大势；中长期移动平均线对大势的把握相对好一些，比较起来又显得迟钝一些。它们各有所长，宜结合起来使用。

二、移动平均线的测市原理

美国投资专家格兰维尔利用数理统计的方法对股票市场进行实证研究，创造性地提出了移动平均线测市的八条法则，是目前判断股票买卖时机的最具有实用性和权威性的法则。

在图 4－15 中，①～④为买进时机，⑤～⑧为卖出时机。

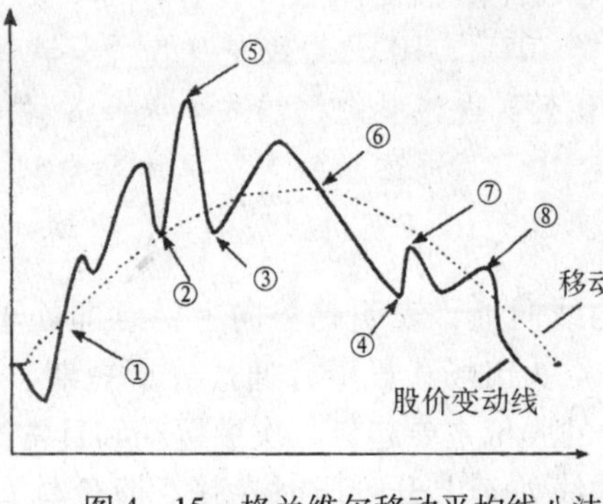

图 4－15　格兰维尔移动平均线八法则

（一）移动平均线的买进法则

1. 当移动平均线由下降转为走平或上升时，若股价从其下方向上突破时，此为买进信号。

2. 移动平均线仍在上升，而股价在连续上升且在平均线之上，但突然下降，在接近移动平均线时又转头向上，也是买进信号。

3. 移动平均线处于上升状态，但股价却跌到移动平均线之下，当股价重新回升并突破移动平均线，说明股价将和移动平均线保持一致的上升趋势，因此是买进信号。

4. 股价大幅滑落而远离移动平均线，则股价短期内极可能反弹回升而靠近移动平均线，因此也是买进信号，但只能做短线。

（二）移动平均线的卖出法则

1. 股价急速上升突破平均线并远离平均线，上涨幅度相当可观，随时可能反转回跌，是卖出信号。

2. 当平均线由上升开始转向走平或逐渐下跌，股价从平均线上方向下跌破平均线时，是重要的卖出信号。

3. 股价在平均线以下移动，然后向平均线回升，未突破平均线又立即反转下跌，是卖出信号。

4. 股价向上突破平均线后又立即跌回到平均线以下，此时平均线仍然继续下跌，是卖出信号。

三、移动平均线的作用

1. 揭示平均成本。移动平均线反映了市场在一定期间内的平均持股成本，将其与当日股价作一比较，则可知道平均成本的增减及获利盘与套牢盘的多寡。

知识问答

小明提问：请举例说明，移动平均线是如何揭示平均成本的？

如某股票当前的5天均线是10元，10天均线是9.8元，说的就是前5天买进该股的市场平均成本是10元，前10天买进该股的平均成本是9.8元。而如果股票当前价格是10.2元，就说明最近5天及10天买进该股的人，平均是盈利的。反之，如果股票当前价格是9.5元，就说明最近5天及10天买进该股的人，平均是亏损的。

2. 揭示股价趋势。移动平均线向上，表明趋势向上，意即处于多头市场；移动平均线向下，表明趋势向下，意即处于空头市场。投资者通过分析短期、中期、长期移动平均线，就可知道查尔斯·亨利·道划分的股价主要趋势、次级运动和日常波动情况。

3. 助涨、助跌。当移动平均线处于上升阶段时，其对股价具有助涨功能，即当股价从移动平均线上方回落至移动平均线附近时，移动平均线对股价具有支撑作用，促使股价回升。因为移动平均线代表着平均成本，当股价在移动平均线之上时，表明大多数筹码为获利盘，当股价回落至移动平均线附近时，获利盘减少，抛压自然就减轻了。同样，当移动平均线处于下降阶段时，它对股价具有助跌功能，即当股价从移动平均线下方反弹到移动平均线附近时，移动平均线会对股价形成阻力作用，迫使股价回落。因为当股价从下方反弹到移动平均线附近时，大量套牢盘要求解套形成的抛压就很重。

4. 揭示买卖时机。除了格兰维尔八大法则之外，短、中、长移动平均线在趋势改变时发生交叉，也会发出买卖信号，交叉分黄金交叉和死亡交叉两种。当短期平均线从下方向上突破中长期平均线时，是黄金交叉，此为买入信号；当短期平均线从上方向下跌破中长期平均线时，是为死亡交叉，此为卖出信号，见图4－16。

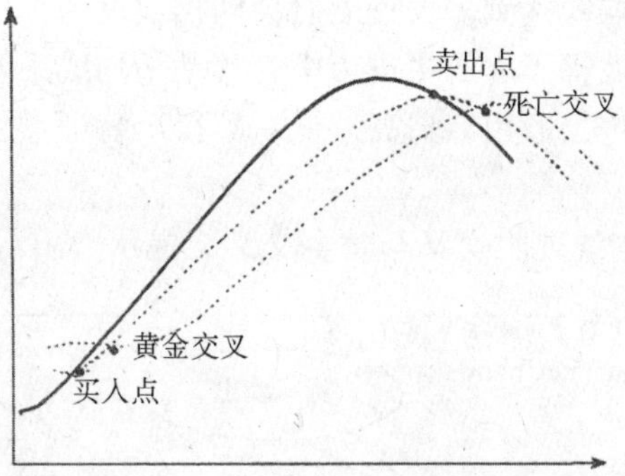

图4－16

知识问答

小明直截了当地问：别说那么多，移动平均线最大的优点是什么？

移动平均线最大优点，就是当发出“死叉”卖出信号时，提醒投资者及时卖出或认赔离局，牢牢把风险控制住，尽管移动平均线同样在下跌相当幅度后出现底部的“死叉”卖出信号，也会产生所谓的底部骗线信号。但它发出的“死叉”卖出信号令投资者按照指令卖出，不会造成重大亏损。投机市场生存的第一法宝就是要把风险牢牢控制住，亏小钱赚大钱是每个股市赢家的法宝。移动平均线就是帮助你实现这个愿望的工具。移动平均线简单实用，发出及时控制风险的卖出信号，是被广大投资者广泛使用与喜爱的原因。

四、移动平均线的缺点

其实说起移动平均线，“地球人都知道”。可要真正把握它、用好它，那可不是一件容易的事。反映滞后是移动平均线的缺点，当发觉“金叉”时，实际上股价已上升一段时间；当发觉“死叉”时，实际上股价已下跌一段幅度。投资者只赚取上升途中中间一段利润。若投资者利用K线组合及其他技术分析指标进行综合分析，则可弥补移动平均线这种“滞后”的缺点。

投资箴言

> 吃鱼不吃鱼头和鱼尾，只吃中段。
>
> ——杨百万

应该注意的是，移动平均线只注视价的突破，而没有考虑成交量的配合，因而有时会出现假突破的“陷阱”，诱使投资者上当，故应与成交量分析相配合。同时，移动平均线分析并未指出在股价偏离移动平均线达到多大程度时会回档或反弹，这也是一大缺憾，幸好可用乖离率补救。此外，在股价波幅不大的牛皮市中，移动平均线系统频繁发生的买卖信号应视为无效信号，否则会不断地进出股市，追高杀低，落得个替证券公司打工的下场。

【实例链接】 移动平均线死亡交叉与黄金交叉，提示卖出与买入信号，见图4－17。

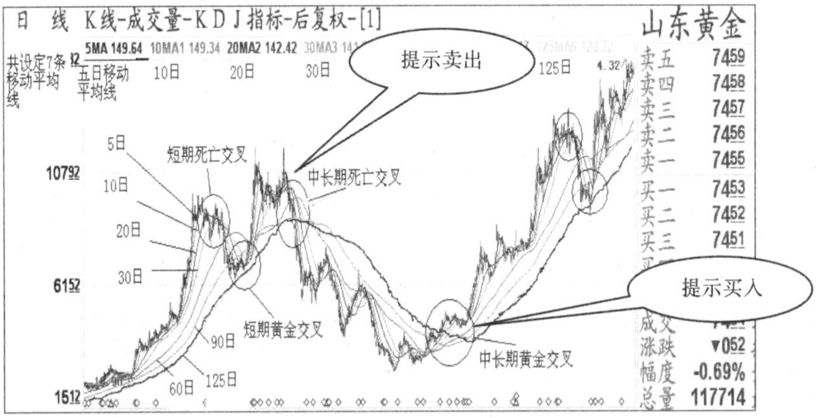

图4－17 移动平均线死亡交叉与黄金交叉

任务四
理解指标分析

任务导入

小明看到技术指标分析，感觉似乎很复杂，什么MACD、OBV、KDJ的字符一大堆搞得像高等数学。其实说白了，它就是捣腾过去的成交数据，然后来预测未来的股价走势。各个投资软件中都有几十个乃至上百个技术指标，一般投资者明白一些主要技术指标如何运用、举一反三，并在投资中不断体验就行了。

知识准备

技术指标分析是指通过对价格、成交量或涨跌只数等数据，运用一定的计算公式得出的技术指标进行分析，从而预测未来的证券价格变动的趋势。技术指标种类繁多，但概括起来可分为下述三类：

一是“价格平滑”指标。由于市场价格是呈上下起伏波动的，因而采取平均的运算方式容易将价格的波动偶然因素消除。属于这类指标的主要有移动平均线（MA）、平滑异同移动平均线（MACD），乖离率（BIAS）等。

二是“买卖双方能量变化”指标。买卖双方的力量变化，直接影响到价格的变动，而无论从价格、成交量或涨跌只数皆可得知买卖双方力量的分配，因此这类指标数量较多，比较常见的有相对强弱指数（RSI），随机指数（KD），威廉指数（W%R）等。

三是“市场动力”指标。成交量是反映市场价格波动的动力指标，市场动力充足，则行情还可持续上涨，否则，上升行情将难以持续。属于“市场动力”指标的主要有能量潮（OBV）、成交量比例（VR）等等。下面分别介绍几种常用的指标。

投资箴言

> 技术指标不是万能的，但它是股海中的救生衣。

一、指数平滑异同移动平均线（MACD）

（一）指数平滑异同移动平均线含义

指数平滑异同移动平均线（MACD）是股票市场技术分析工具之一，是由移动平均原理派生出来的一项技术指标。运用移动平均线选择买卖时机，最头痛的莫过于碰上牛皮盘档行情，频繁的入市信号常使投资者迷失方向。根据移动平均线原理发展出来的MACD，不仅能弥补移动平均频繁发出虚假信号的不足，而且具有确保移动平均线最大战果的功能。

（二）用MACD选择入市时机，大致有如下几条准则

1. DIF与MACD均在0轴线之上，大势趋向牛市；两者均在0轴线之下则为熊市。

2. DIF向上突破MACD线，是买入信号。如果上穿发生在零线上方则为牛市中发出的买入信号，可靠性强；反之，则是熊市中发出的买入信号，可靠性弱。

3. MACD走势与股价出现背离，表示股市趋势将要反转。所谓“背离”在上升趋势中，是指K线图中股价出现一头比一头高的头部，而在MACD的图形中却出现一头比一头低的头部，即所谓顶背离；在下降趋势中的情况正好相反，即所谓底背离。

【实例链接】 MACD发出的买卖信号，见图4－18。

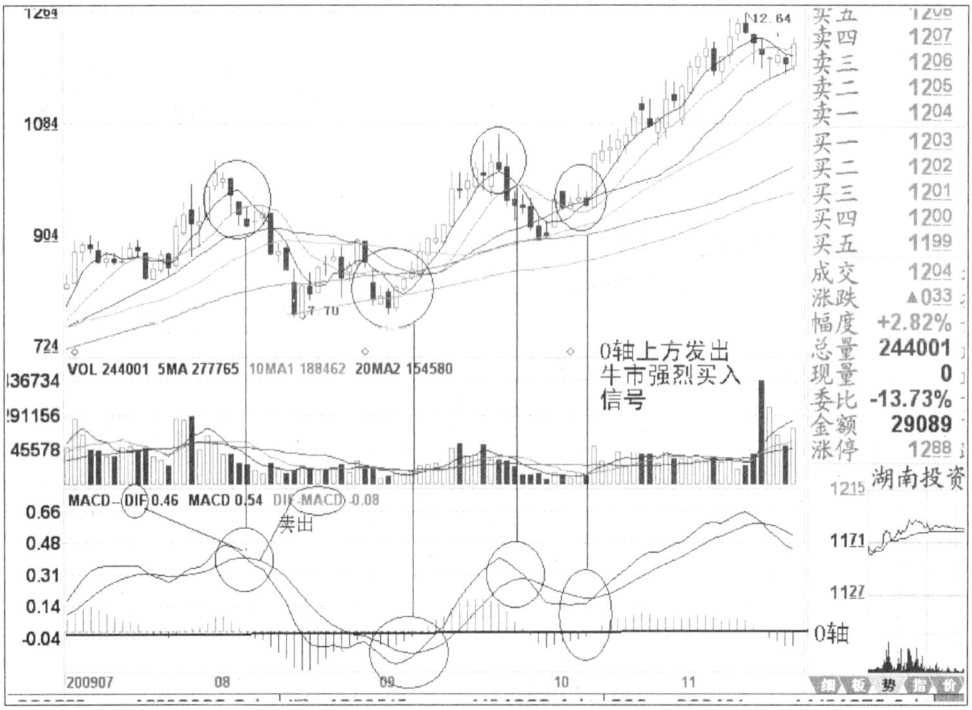

图4-18 MACD发出的买卖信号

二、相对强弱指数（RSI）

1. 相对强弱指数的含义

在股票市场上，多空双方永远处于对立的地位，多空双方力量强弱通过股价的涨跌表现出来。在上升行情里，有时多方力量强大，市场买气旺盛，股价大幅上升；有时多方仅占微弱优势，股价缓慢攀升。在下跌行情里，有时空方力量强大，迫使股价大幅下跌，有时空方力量稍强，股价下跌较慢。一般来说，在一定的时期内，上升幅度越大，表明多方力量越强。未来股价上升的可能性亦越大。同理，在一定时期内，下跌幅度越大，空方力量越强，未来股价继续下跌的可能性越大。

相对强弱指数（RSI）就是通过比较一定时期内平均股价上升点数和平均股价下跌点数的关系，对市场买卖气势所达到的程度进行测算的技术指标，是投资者研判股价走势不可缺少的技术分析工具。

（二）相对强弱指数的特征与测市原理

1. 相对强弱指数能反映市场超买和超卖的程度，向投资者发出入市信号。

2. 相对强弱指数的指标值在0～100之间。一般来说，相对强弱指数高于50为强势市场，而低于50则表示市场处于弱势。

知识问答

小明提问：请解释RSI的实战意义？

RSI的数值是在0～100之间，这个数值可以代表参与其中的多空双方的实力。比如RSI＝50时，表明多空双方实力相等，假设为双方均为50人，当RSI＝80时，表明多方的人数为80人，空方的人数为20人。显然，当RSI＝100时，就表明所有人都是多方的人了，这个股市也就沸腾了。所以，当RSI＝100表示所有的人都看好这个股票，更多地潜伏着出货的巨大危机，就像气球，吹到最大时，爆破的危机也就随之产生。一旦开始下跌，这个所有人都看好的股票，就会产生“飞流直下三千尺，疑是银河落九天”的景观。因此，RSI＝80和RSI＝100时是卖出信号。同样可以知道RSI＝20和RSI＝0时，是准备买进的好时机。

3. 相对强弱指数的移动区间越小，指标的灵敏度越高，投资者应根据自己入市的频繁程度、利润目标值和承担风险的程度来确定移动区间的大小。最常用的是14日相对强弱指数，但对短线投资者来说，采用6日RSI或3日RSI更好。

4. 在多头市场里，相对强弱指数常在50～80之间波动。14日RSI达到80以上时，表示市场出现超买现象，股价随时有回档的可能。在空头市场里，相对强弱指数常在50～20之间波动，14日RSI达到20以下时，表示市场出现超卖现象，股价随时有反弹的可能。技术分析者建议投资人在市场超买时卖出，而在市场超卖时买进。

5. 在不同的市场，对不同的证券，反映超买超卖程度的指标值的数量范围也不同。例如，在成熟的股市，14日RSI达到70以上便属超买，而在发展中的股市，14日RSI达到80以上才算超买。因此，投资人在应用相对强弱指数决定入市时机时。必须对所选股票近一年变动情况进行详细分析，以确定该股票的超买超卖指标范围。

6. 相对强弱指数发出的超买超卖信号并不是投资者入市的准则。这是因为，有时行情变化太快，RSI很快会进入超买超卖区域，并能在该区域停留很长时间，这是市场买气或卖气强大的表现，此时RSI进入超买超卖区域后，最好在价格本身也发生转向信号时再入市操作。

7. 相对强弱指数与股价走势背离，对股价的反转有一定的预测功能。所谓走势背离主要是指：（1）相对强弱指数上升，股价反而下跌；或者相对强弱指数下跌，股价反而上升。（2）股价创新高，相对强弱指数未能创新高；或者股价创新低，相对强弱指数未能创新低。技术分析者认为，当股价走势与相对强弱指数走势出现背离时，股市将发生重大的反转，投资人应做好入市的心理准备。实际上，背离只是股价将要转向的信号，说明市场买气减弱或市场卖气趋缓。因此，当出现背离现象时，投资人不必立刻入市，而应当在股价本身也转向确认时再入市。

【实例链接】 RSI发出的买卖信号，见图4－19。

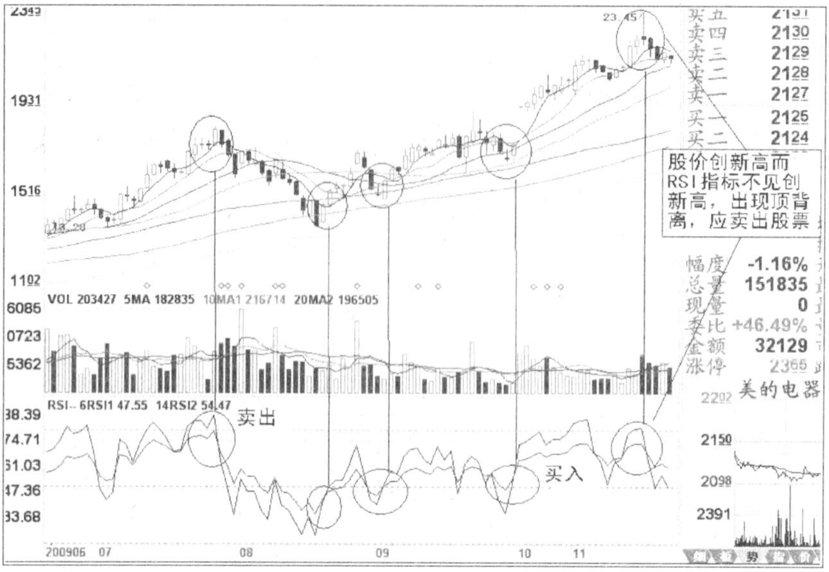

图 4－19 RSI 发出的买卖信号

三、随机指数（KD）

（一）随机指数含义

随机指数，简称 KD 线，是期货市场和股票市场最常用的技术分析工具。在多头市场里，股价上升的初期，涨幅通常较大，随后股价的上升涨幅逐渐缩小，最后出现下跌，结束上升行情。在空头市场里，股价下降的初期，跌幅通常也较大，随着股价的下跌，跌幅逐渐缩小，最后出现上涨，结束下跌行情。

随机指数就是根据股价波动幅度的变动与股价本身变动的这种关系而设计出的一种技术指标。随机指数在设计中综合了动量指数，相对强弱指数和移动平均线的优点，通过研究日内最高价、最低价和当日收盘价之间的关系，反映市场的买卖气势和超买超卖现象，对预测股价的中短期走势有重要的参考价值。

（二）随机指数的特征与测市原理

1. 随机指数是利用 K 线和 D 线的图形关系来研判股价走势，决定买卖时机的一种中短期技术分析指标。如果 K 线由下向上突破 D 线，发生交叉，则是买入信号；如果 K 线由上向下突破 D 线，发生交叉，则是卖出信号。

2. K 线和 D 值均在 0～100 之间，根据 K 值和 D 值的大小可判断市场超买超卖的状况。一般来说，两者均在 80 以上为超买，而两者均在 20 以下为超卖。在超买超卖区 K 线突破 D 线时股价转向的可能性较大。当股市进入盘局后，K 值和 D 值会在 50 附近频繁交叉，此时投资者应以观望为主。

3. 随机指数与股价走势产生背离，表示中短期走势将要转向，投资者应有所准备。当 KD 处在高位，并形成两个依次向下的峰，而此时股价还在一个劲地上涨，这叫顶背离，是卖出信号；与之相反，KD 处在低位，并形成一底比一底高，而股价还继续下跌，这构成底背离，是买入信号。

4. 头肩形和多重顶（底）形态以及画趋势线同样适用于 KD 线，也可以作为采取行动的信号。

5. J 指标取值超过 100 和低于 0，都属于价格非正常区域，大于 100 为超买，是卖出时机，小于 0 为超卖，为买进时机。

6. 随机指数是一种非常敏感的技术指标，是短线投资者进行技术分析的首选工具。投资者使用指标选择入市时机时，首先必须确定随机指数的移动区间。移动区间越小，指标的灵敏度越高。较常用的是 9 日指数和 6 日随机指数。

【实例链接】　KDJ 黄金交叉与死亡交叉发出的买入与卖出信号，见图 4－20。

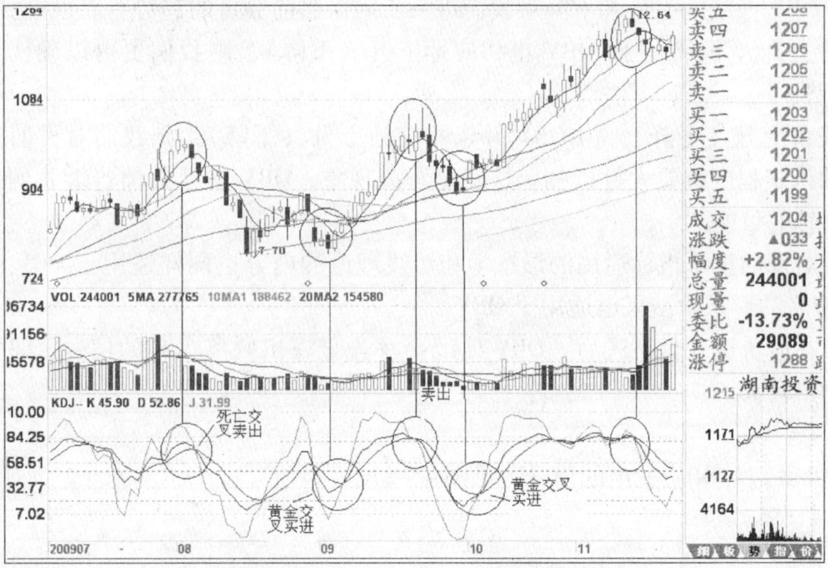

图 4－20　KDJ 黄金交叉与死亡交叉

四、能量潮（OBV）

（一）能量潮的含义

有些人把每一天的成交量看作海的潮汐，形象地称 OBV 为能量潮。OBV 是由葛兰威尔于 20 世纪 60 年代提出并广泛流行的。我们可以利用 OBV 验证当前股价走势的可靠性，并可以由 OBV 得到趋势可能反转的信号，这对于准确预测未来是很有用的。比起单独使用成交量来，OBV 比成交量看得更清楚。

（二）OBV 的构造原理

OBV 构造的基本原理是根据潮涨潮落的原理。让我们把证券市场比喻成一个潮水的涨落过程，如果多方力量大，则向上的潮水就大，中途回落的潮水就小。衡量潮大小的标准是成交量。

成交量大，则潮水的力量就大；成交量小，潮水的力量就小。每一天的成交量可以理解成潮水，但这股潮水是向上还是向下，是保持原来的大方向，还是中途的回落，这个问题就由当天收盘价与昨天收盘价的大小比较而决定。

1. 如果今收盘价≥昨收盘价，则这一潮属于多方的潮水。

2. 如果今收盘价<昨收盘价，则这一潮属于空方的潮水。

潮涨潮落反映多空双方力量对比的变化和最终大潮将向何处去。这就是 OBV 的基本原理，也是 OBV 又叫能量潮的原因。

（三）OBV 的应用法则和注意事项

第一，OBV 不能单独使用，必须与股价曲线结合使用才能发挥作用。

第二，计算 OBV 有一个选择最初值的问题，最初值可由使用的人自行确定一个数值。

第三，OBV 曲线的上升和下降对我们进一步确认当前股价的趋势有着很重要的作用：

（1）价上升（下降），而 OBV 也相应地上升（下降），则我们更可以确认当前的上升（下降）趋势。

（2）股价上升（下降），但 OBV 并未相应地上升（下降），则我们对目前的上升（下降）趋势的认定程度就要大打折扣。这就是背离现象，OBV 已经提前告诉我们趋势的后劲不足，有反转的可能。

第四，对别的技术指标适用的形态学和切线理论的内容也同样适用于 OBV 曲线，W 底和 M 头等著名的形态学结果也适用于 OBV。

第五，在股价进入盘整区后，OBV 曲线会率先显露出脱离盘整的信号，向上或向下突破，且成功率较大。

【实例链接】　OBV 发出的信号，见图 4－21。

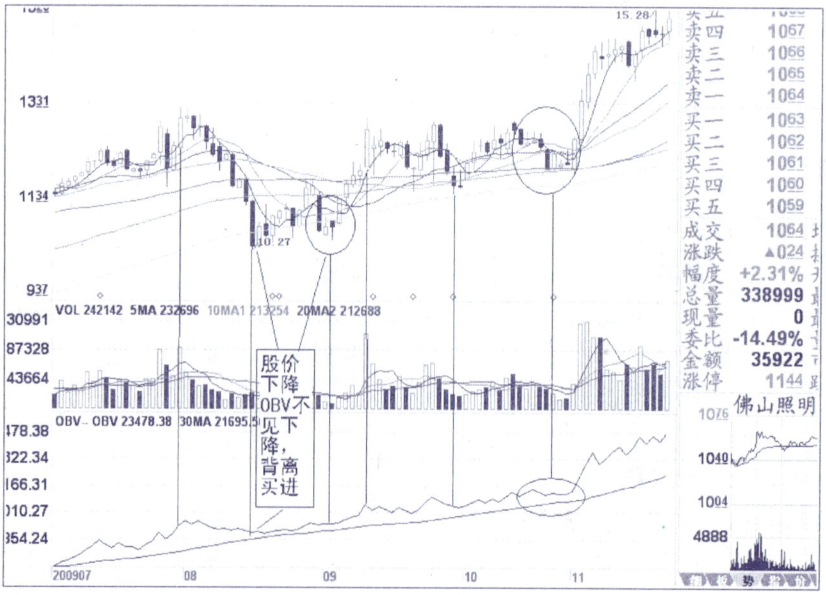

图 4－21　OBV 发出的信号

五、指标分析应注意的问题

1. 如果将形态分析称为股市几何的话，那么指标分析就可以称得上是股市代数，不过这种代数方法比较简单，不需要向形态分析那样自己去判断是否被确认，只要运用已得出的数据结果就行。现代的股民更轻松了，连复杂的计算过程都不需要自己动手，有电脑软件代劳，投资者只要根据自己的要求设定参数就可以了。

2. 每一种技术指标都是从某一个角度上反映了市场所处的状态，说到底指标也只是一种数字工具，它是对市场的原始数据进行某种形式处理后，所反映的某一方面的市场特征，而这种特征仅仅通过直接的盘面原始数据是难以判断的。

3. 指标分析不论有多少种，它所体现的分析方法却基本上都是依照以下几个原则：

（1）指标的位置高低，指单纯从指标的绝对或相对数值来判断。

（2）指标的背离现象，指本应与市场同步的指标发出了与市场走势方向相反的信号。

（3）指标的交叉，主要针对同一种类不同周期的指标呈现的相互关系来进行分析。

（4）指标转折，指标在什么情况下会失去作用。

投资箴言

技术指标看起来简单，和跳水一样，就是标准动作。但是有几人能完全掌握、稳定发挥呢？简单的东西往往也是最难的东西。

4. 所谓“指标人人会看，奥妙各自不同”，在具体应用指标去分析市场时，必须要有自己独到的理解才能体现出实效来。

任务五
感悟波浪理论

任务导入

波浪理论是世界上运用最为普遍的投资分析工具之一，由美国技术分析大师艾略特于20世纪30年代末期提出。艾略特认为股票价格的波动，与大自然的潮汐一样，具有一定规律性。股价波动如同波浪，一浪跟着一浪，周而复始。因此，投资者可以根据这些规律性的波动来预测价格未来的走势。

知识准备

一、波浪理论的基本内容

波浪理论认为，不论是多头市场还是空头市场，股价变动的每一个完整的循环，都包括了5个上升浪与3个下跌浪，见图4－22。

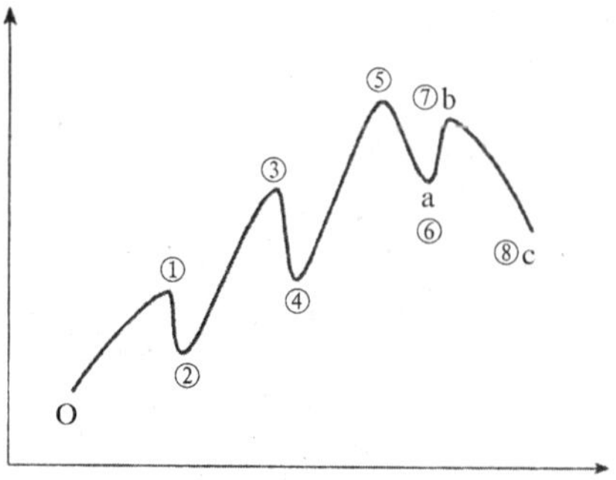

图4－22　八浪结构基本形态图

以多头市场为例，一个循环有8个波浪，前5个看涨，后三个看跌。在前5个波浪中，奇数序号1、3、5波浪是上升的，称推动浪；偶数序号2、4波浪是回跌整理，称调整浪。在后3个波浪中，偶数序号6（a）、8（c）波浪是明显看跌，奇数序号7（b）波浪是反弹整理。由此可以得出，整个循环基本上是不同程度的奇数序波浪看涨或反弹，偶数序的波浪是看跌或回跌。理想的推动浪和调整浪的特征分别见图4－23、图4－24。

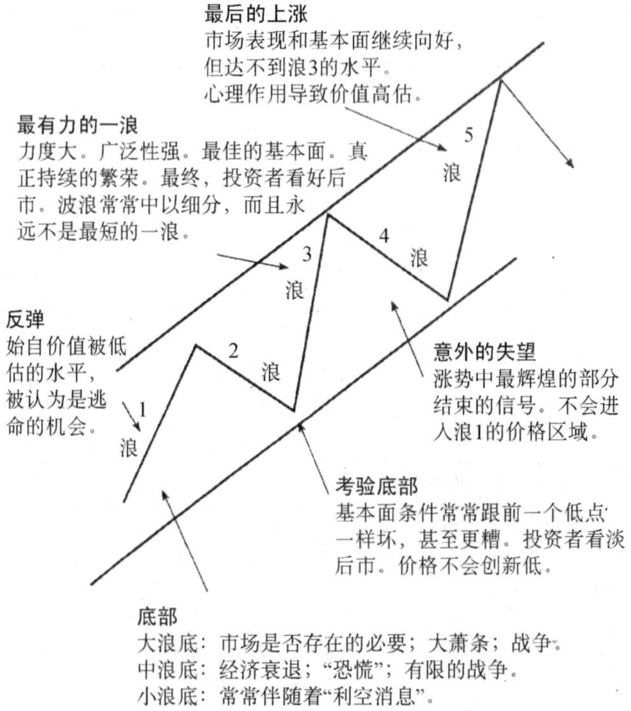

图4－23　理想的推动浪

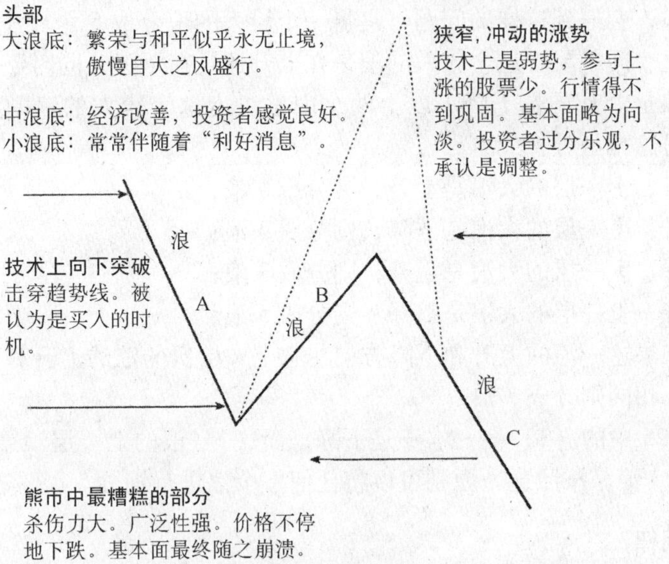

图 4－24　理想的调整浪

在空头市场中，其波动趋势刚好与多头市场相反。

波浪理论还认为，向主要方向进行的三个推动浪（方向波），可以分成更小的五个小波浪，而向相反方向进行的两个调整浪也可分成更小的三个小波浪。

如图 4－25，两个在某一相同级次上的波浪，可以被分成小一级次的 8 个波，然后这 8 个波又可用相同的方式，继续细分为再小一级次的 34 波。在艾略特波浪理论中，任一序列中，任一级次的波，都可被细分以及再细分为较小级次的波。相反，它们也可被看成较大级次波动的组成部分。

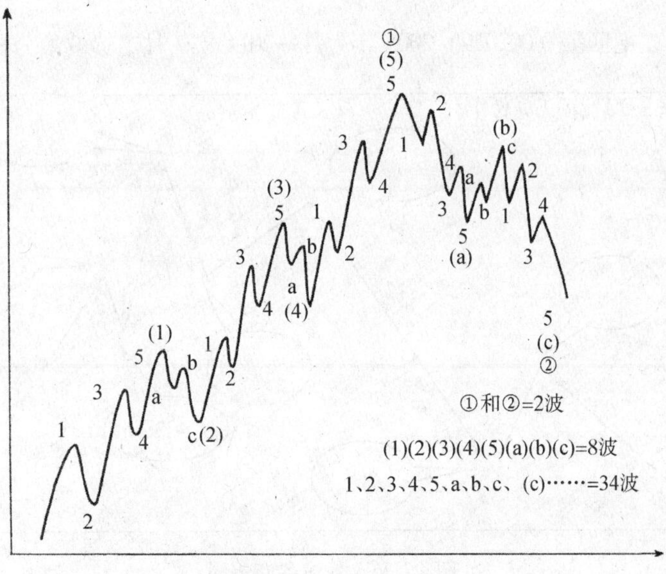

图 4－25　波浪的细分

将波浪细分时，会遇到这样的问题，是将一个较大的浪分成5个较小的浪，还是分成3个较小的浪呢？这个问题要看这个较大的浪是在上升还是在下降，同时还要看比这个较大的浪高一层次的波浪是上升还是下降。以上两个因素决定这个较大的浪的细分是3浪还是5浪。一般说来，可这样区分：

本大浪是上升，上一层的大浪是上升，则分成5浪；

本大浪是上升，上一层的大浪是下降，则分成3浪；

本大浪是下降，上一层的大浪是上升，则分成3浪；

本大浪是下降，上一层的大浪是下降，则分成5浪。

换句话说，如果这一浪的上升和下降方向与它上一层次的浪的上升和下降方向相同，则分成5浪，如果不相同则分成3浪。

例如，图4－25中的（2）浪，本身是下降，而（2）浪的上一层浪第一大浪则是上升，所以（2）浪分成3浪。按照这一原则可以将任何一个浪进行细分。

二、波浪理论的规律

许多投资者在了解了波浪理论的五个上升浪与三个下跌浪的基本模式下，就以为把握住了波浪理论，大谈八浪，往往产生了许多笑话。其实，波浪理论还存在着复杂的变形，如延伸浪、衰竭浪，往往浪中套浪，让人产生错误的数浪方法。因此，还必须掌握波浪理论必须遵守的几个规律：

1. 第2浪的低点不能低于第1浪的低点。
2. 第3浪不可以是最短的，往往是最长的。
3. 第4浪的低点不可以低于第1浪的高点。
4. 第2浪与第4浪往往以交替形态出现：2浪简单，4浪复杂；2浪复杂，4浪简单。

【实例链接】 七匹狼（002029）2005年7月—2014年7月走势波浪分析，见图4－26。

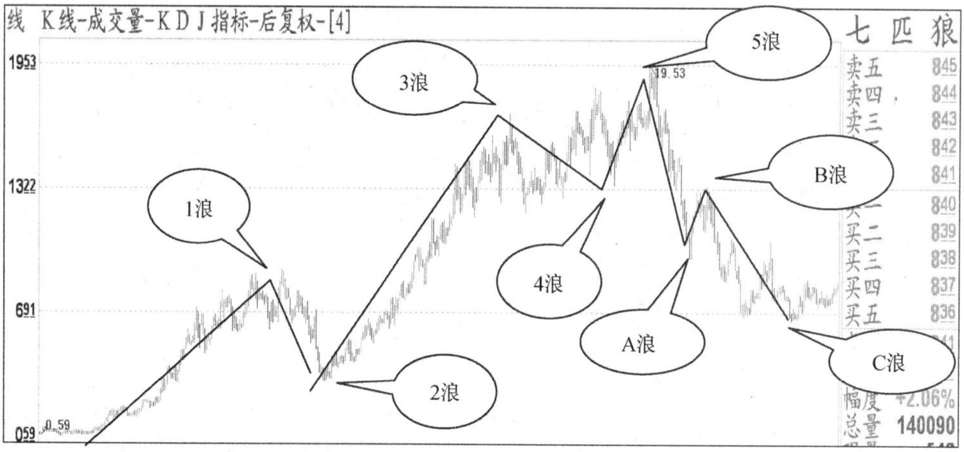

图4－26 数浪各有不同

三、弗波纳奇数列与黄金分割在波浪分析中的应用

（一）弗波纳奇数列在波浪理论中的应用

一是波浪数目都是按照弗波纳奇数列组织起来的。弗波纳奇数列在确定波浪理论的浪的数目和数法时，有着不可忽视的作用。从图 4－24 中我们可以看到，第一大浪由 5 浪组成，同时又由更小的 21 浪组成，而第二大浪由 3 浪组成，同时又由更小的 13 浪组成。第一大浪和第二大浪为 2 浪，由 8 个较大的浪组成，同时又由 34 个更小的浪组成。如果将最高层次的浪增加，例如增加第三、第四、第五等大浪，则我们还可以看到比 34 大的弗波纳奇数列中的数字。

这里的数字 2、3、5、8、13、21、34……都是弗波纳奇数列中的数字。它们的出现不是偶然的，这是艾略特波浪理论的数学基础，正是在这一基础上，才有波浪理论往后的发展。

二是在各浪之间的比例关系上，常常应用弗波纳奇数。例如：

1. 三个主浪只有一个浪延长，另外两者的时间和幅度相等。如果 5 浪延长，那么 1 浪和 3 浪趋于一致。

2. 把 1 浪乘以 1. 618，然后加到 2 浪的底点上，可以得出 3 浪的起码目标。

3. 把 1 浪乘以 2 ×1. 618，然后分别加到 1 浪的顶点和底点上，大致就是 5 浪的最大或最小目标。

4. 如果 1 浪、3 浪大致相等，我们就预期 5 浪延长。其价格目标的估算方法是先量出从 1 浪底点到 3 浪顶点的距离，再乘以 1. 618，最后把结果加到 4 浪的底点上。

投资箴言

对于波浪理论而言，一般人能达到读懂专业人士的演绎过程和结果就可以了，自己不一定需要能独立“数浪”。好比喜欢吃鸡蛋去市场买回来吃就可以了，犯不着为此去开养鸡场，更不要尝试学母鸡下蛋。

（二）黄金分割与时间之窗

弗波纳奇数列与它所反映的黄金分割特性不仅派生出了波浪理论，而且还可将之独立地运用到股市分析当中，时间之窗原理论就直接来源于此。活跃的股民经常会有张三、李四在耳边神神秘秘地告诉他们：“某月某日是时间之窗，更多加小心！”说的人姑妄言之，听的人姑妄听之，虽不解其中奥妙，但却有一种神秘的感觉。

其实时间之窗在股市当中并不神秘，它反映的是费波纳奇数列与黄金分割定律在股市的时间坐标上的高点和低点之间有某种内在的规律性巧合，见图 4－27。

【实例链接】

上证指数 2009 年 7—11 月走势。

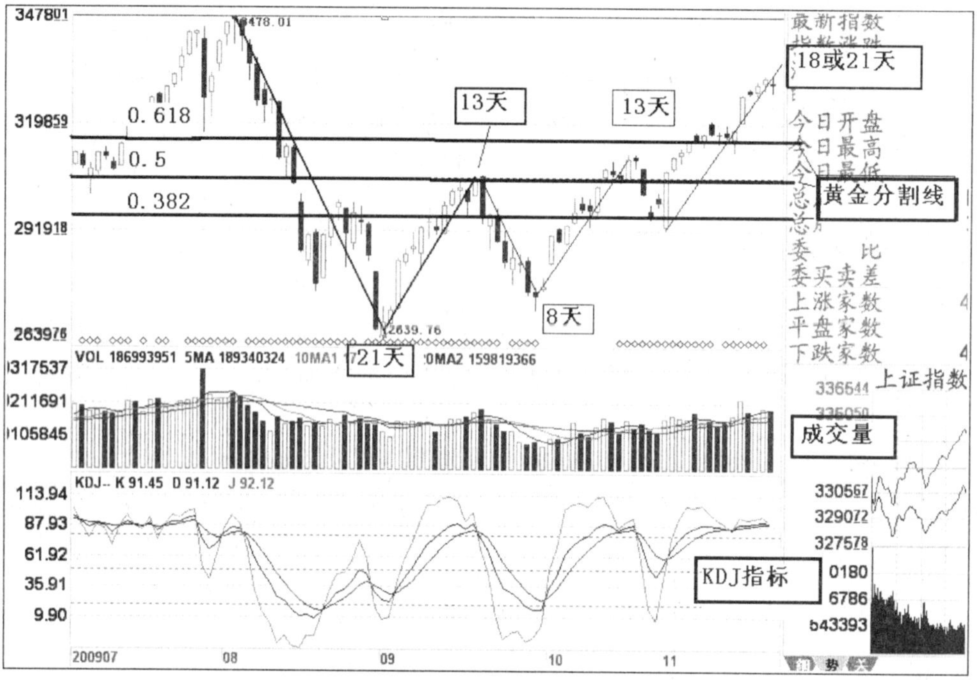

图 4－27 时间之窗

需要注意的是，往往在重要的高点和低点位置上，间隔的时间正好符合费波纳奇数列当中的数字，但却并不是每一个高点和低点都会是符合神奇数字的时间之窗，而且也并不是每一个符合神奇数字的交易日都会出现时间之窗。需要综合市场状态等其他多方面因素去考虑，所以在应用这种理论时不可以生搬硬套。

四、运用波浪理论应注意的问题

1. 从表面上看波浪理论会带来利益，但是波浪理论自身的构造存在众多的不足，如果过分机械、过分教条地应用波浪理论，肯定会招致失败。

2. 波浪理论最大的不足是应用上的困难，也就是学习上和掌握上的困难。波浪理论从理论上讲是“8 浪结构”完成一个完整的过程。但是，主浪的变形和调整浪的变形会产生复杂多层次的形态，这些都会增加应用者在具体数浪时发生偏差的机会。浪的层次的确定和浪的起始点的确认是应用波浪理论的两大难点。

3. 波浪理论的第二个不足是，面对同一个形态，不同的人会产生不同的数法，而且，都有道理，谁也说服不了谁。不同的数浪法产生的结果相差可能是很大的。例如，一个下跌的浪可以被当成第二浪，也可能被当成 a 浪。如果是第二浪，那么，紧接而来的第三浪将是很诱人的。如果是 a 浪，那么，这之后的下跌可能是很深的。产生这种现象的原因主要是由两方面因素引起的：

第一，价格曲线通常很少按 5 浪加 3 浪的 8 浪简单结构进行，对于不是这种规范结构的形态。不同的人有不同的处理，主观性很强。对有的小波动有些人可能不计入浪，有些人可能又计入浪。由于有延伸浪，5 浪可能成为 9 浪。波浪在什么条件下可以延伸，什么条件下不可以延伸，没有明确的标准，用起来随心所欲，仁者见仁，智者见智。

第二，波浪理论中的大浪小浪是可以无限延伸的，长的可以好多年，短的只有几天。上升可以无限地上升，下跌可以无限制地下降，因为，总是可以认为目前的情况不是最后的浪。

投资箴言

> 没有标准答案不是波浪理论的弱点、但是是波浪理论的特点。

4. 在应用波浪理论时，我们会发现，当事情过去以后，回过头来观测已经走过的图形，用波浪理论的方法是可以很完美地将其划分出来的。但是，在形态形成过程中，对其进行波浪的划分是一件很困难的事情。

5. 波浪理论从根本上说是一种主观的分析工具，这给我们增加了应用上的困难。在对波浪理论的了解不够深入之前，最好仅仅把它当成一种参考工具，而主要以别的技术分析方法为主。

6. 切不可以认为波浪理论是一种不可以掌握的技术工具，波浪理论已经存在了半个世纪而不被淘汰，说明它具有一些能给我们带来利益的优点。只有不断地学习钻研波浪理论，通过实践和应用，才可以正确地数浪，最终从波浪理论中获得收益。

项目小结

本项目主要介绍了道氏理论、各种辅助线的画法和应用、移动平均线的含义及测市原理、技术指标分析和波浪理论。通过学习和训练应能够明确道氏理论的基本内容，掌握辅助线的画法及运用，学会运用移动平均线测市的八条法则，了解主要技术指标的用法，了解波浪理论的基本内容。

本项目重点是掌握辅助线的画法及运用技能，学会运用移动平均线测市的八条法则。

项目作业

一、选择题

1. 股价波动持续的时间为一年或一年以上，波动的幅度超过20%被称之为(　　)。

A. 多头市场　　B. 基本趋势

C. 次级趋势　　D. 短期趋势

2. 黄金分割中最常用的比率为（　　）。

A. 0.168　　B. 0.382

C. 0.618　　D. 0.980

3. 甘氏线重要的是45度线、63.75度线和（　　）。

A. 26.25度线　　B. 38度线

C. 35度线　　D. 90度线

4.（　　）反映了市场在一定期间内的平均持股成本。

A. 趋势线　　B. 轨道线

C. 压力线　　D. 移动平均线

5.（　　）是一种非常敏感的技术指标，是短线投资者进行技术分析的首选工具。

A. MACD　　B. RSI

C. OBV　　D. KD

二、判断题

1. 基本趋势持续上升就形成了多头市场（牛市）。（　　）

2. 支撑位和压力位不可以相互转换。（　　）

3. 轨道线被触及的次数越多，延续的时间越长，其被认可的程度和其重要性就越低。（　　）

4. 当短期平均线从下方向上突破中长期平均线时，是黄金交叉，此为买入信号。（　　）

5. MACD走势与股价出现背离，表示股市趋势将要反转。（　　）

【技能训练】4-1

实训项目	辅助线分析
实训任务	让学生动手操作学习各种辅助线的画法和应用： 1. 选择两只股票，分别画出压力线、支撑线、趋势线、轨道线、黄金分割线、上升甘氏线 2. 应用辅助线判断股价走势 3. 应用辅助线判断上证指数走势
实训目的	锻炼学生运用辅助线分析股价变化的能力
条件要求	开通互联网的证券实验室（配有投影仪）
资料准备	第一，教学课件及相关文图资料；第二，教材及案例
考核要求	完成无纸化实训报告，并保存在个人文件夹中
实训过程提示	第一，说明本次实训的任务与目标；第二，说明实训报告填写的基本框架；第三，提示学生如何进行辅助线分析；第四，要求每一名同学都动手进行；第五，组织、指导学生实训；第六，请两名同学介绍自己是如何进行辅助线分析的
实训报告	

【技能训练】4－2

实训项目	移动平均线分析
实训任务	让学生移动平均线的意义和应用： 1. 选择两只股票，观察移动平均线的作用 2. 应用移动平均线判断股价走势 3. 应用移动平均线判断上证指数走势
实训目的	锻炼学生运用移动平均线分析股价变化的能力
条件要求	开通互联网的证券实验室（配有投影仪）
资料准备	第一，教学课件及相关文图资料；第二，教材及案例
考核要求	完成无纸化实训报告，并保存在个人文件夹中
实训过程提示	第一，说明本次实训的任务与目标；第二，说明实训报告填写的基本框架；第三，提示学生如何进行移动平均线分析；第四，组织、指导学生实训；第五，请两名同学介绍自己是如何根据移动平均线进行分析的
实训报告	

【技能训练】4－3

实训项目	技术指标分析
实训任务	让学生了解技术指标在分析中的作用： 1. 了解指标在投资软件中的位置 2. 选择两只股票，观察常用指标与 K 线分析的配合 3. 运用指标分析，判断买卖时机
实训目的	培养学生运用指标分析，判断买卖时机
条件要求	开通互联网的证券实验室（配有投影仪）
资料准备	第一，教学课件及相关文图资料；第二，教材及案例
考核要求	完成无纸化实训报告，并保存在个人文件夹中
实训过程提示	第一，说明本次实训的任务与目标；第二，说明实训报告填写的基本框架；第三，提示学生如何观察常用指标与 K 线分析的配合；第四，组织、指导学生实训；第五，请两名同学介绍自己是如何根据指标变化进行分析的
实训报告	

【技能训练】4－4

实训项目	波浪理论分析
实训任务	了解波浪理论基本内容。熟悉波浪理论应遵循的规律。学会波浪理论的基本应用方法：1. 选择二只股票，验证波浪分析的可行性。2. 运用黄金分割率和时间之窗原理，判断股价上升的空间和下调的位置。3. 以上证指数为例，查找波浪，预测未来趋势
实训目的	培养学生运用波浪理论，预测未来趋势
条件要求	开通互联网的证券实验室（配有投影仪）
资料准备	第一，教学课件及相关文图资料；第二，教材及案例
考核要求	完成无纸化实训报告，并保存在个人文件夹中
实训过程提示	第一，说明本次实训的任务与目标；第二，说明实训报告填写的基本框架；第三，提示学生如何验证波浪分析的可行性；第四，组织、指导学生实训；第五，请两名同学介绍自己是如何根据波浪理论进行分析的
实训报告	

【技能训练】4－5

实训项目	投资综合分析
实训任务	选定一只股票，在对大盘进行分析研判的基础上，对该股进行综合分析与预测，制定该股操作计划，并说明理由
实训目的	培养学生综合运用各种基本分析和技术分析的能力
条件要求	开通互联网的证券实验室（配有投影仪）
时间安排	4 节课
考核要求	完成无纸化实训报告，保存在个人投资文件夹中并发至班级管理员（课代表）。教师评价见附录 4－1
实训过程提示	第一，说明本次实训的任务与目标；第二，说明实训报告填写的基本框架；第三，提示学生如何验证波浪分析的可行性；第四，组织、指导学生实训；第五，请两名同学介绍自己是如何进行综合分析的
实训报告	

附录 4－1

证券投资模拟操作评价表

<table>
<tr><td>个人描述</td><td colspan="5">姓名：　　　　　　　　班级学号：　　　　　　　　专业：</td></tr>
<tr><td>投资风格</td><td colspan="5">风险类型：　　□风险厌恶　　□风险中性　　□风险偏好
基本投资类型：　　□激进型　　□稳健型　　□平衡型</td></tr>
<tr><td>账户属性</td><td colspan="5">交易类型：□股票　□债券　□基金　□外汇　□期货　□组合投资
交易期限：　　年　　月　　日——　　年　　月　　日
初始投入：　　　　万元人民币</td></tr>
<tr><td rowspan="2">考核区间
（年月日）</td><td colspan="5">交 易 过 程 评 价 指 标</td></tr>
<tr><td>买入价（元）</td><td>卖出价（元）</td><td>交易次数（次）</td><td>浮动盈亏（元）</td><td>阶段评价结果</td></tr>
<tr><td></td><td></td><td></td><td></td><td></td><td></td></tr>
<tr><td></td><td></td><td></td><td></td><td></td><td></td></tr>
<tr><td></td><td></td><td></td><td></td><td></td><td></td></tr>
<tr><td></td><td></td><td></td><td></td><td></td><td></td></tr>
<tr><td></td><td></td><td></td><td></td><td></td><td></td></tr>
<tr><td></td><td></td><td></td><td></td><td></td><td></td></tr>
<tr><td>补充事项</td><td colspan="5"></td></tr>
<tr><td>总　评</td><td colspan="5">□优秀　□良好　□合格　□不合格
指导教师：　　　　　　　年　月　日</td></tr>
<tr><td>附　件</td><td colspan="5">撰写投资分析报告：要求字数在1500字以上，中心突出，条理分明，语言通顺，表达规范。分析报告完全脱离自身操作实际的不合格。主要内容应包括：
（一）实验内容：买卖股票的情况及盈亏情况汇报
（二）实验中的问题及解决方法：你是如何进行大盘分析（基本面、技术面）、个股分析（基本面、技术面），个股买卖计划及理由
（三）体会（包括操作体验、对投资理论方法的认识与理解、对投资基本技能及相关流程的掌握程度，存在的不足、建议与反思等）
（四）其他需说明的事项</td></tr>
</table>

项目五
5 体验证券投资实盘操作

知识目标

☐ 掌握看盘的一些基本常识

能力目标

☐ 学会运用各种技术分析方法来进行分析，形成实际操作能力

任务一 学会看盘的基本功

任务导入

“春江水暖鸭先知”短线投资者首先看大盘指数，大盘指数是什么意思？它与个股的行情有什么关系？证券行情软件界面的各项指标都代表什么含义？多空双方力量的此消彼长，在盘面上率先反映出来，只有提高自己看盘的本领，才能操好盘。学会看盘的基本功，这是作为一个合格投资者的应具备的基本知识。

一、大盘走势图

大盘指数是每一位投资者入市都要了解的第一个概念。打开证券行情软件动态系统首先看到的就是大盘分析。

现在世界各大交易所编制的股市指数都是一种含权指数。以上证综指为例，它是以上交所所有上市股票的发行总股本为权数计算得出的加权平均指数，其基准点是100点，基准日是1990年12月19日。如果不考虑配股及新股上市等扩容因素，它反映的就是上交所上市交易股票总市值的变化。所以对于相同价格的股票来说，其发行总股本越大，对大盘指数的影响就越大，如果其股价相对较高则对股指的影响也就更大了。因此，市值不同的股票对股指的影响也不尽一致。为了修正这种偏差，现在有不少电脑分析系统都在每日盘面上增加了一条不含权的指数修正曲线，即以每日开盘为起点，反映整个市场所有上市股票不计流通盘大小的平均股价的变动情况。在钱龙软件盘面中，这条线就是领先指标中的黄线，而交易所公布的指数就是盘面上的白线，见图5－1。

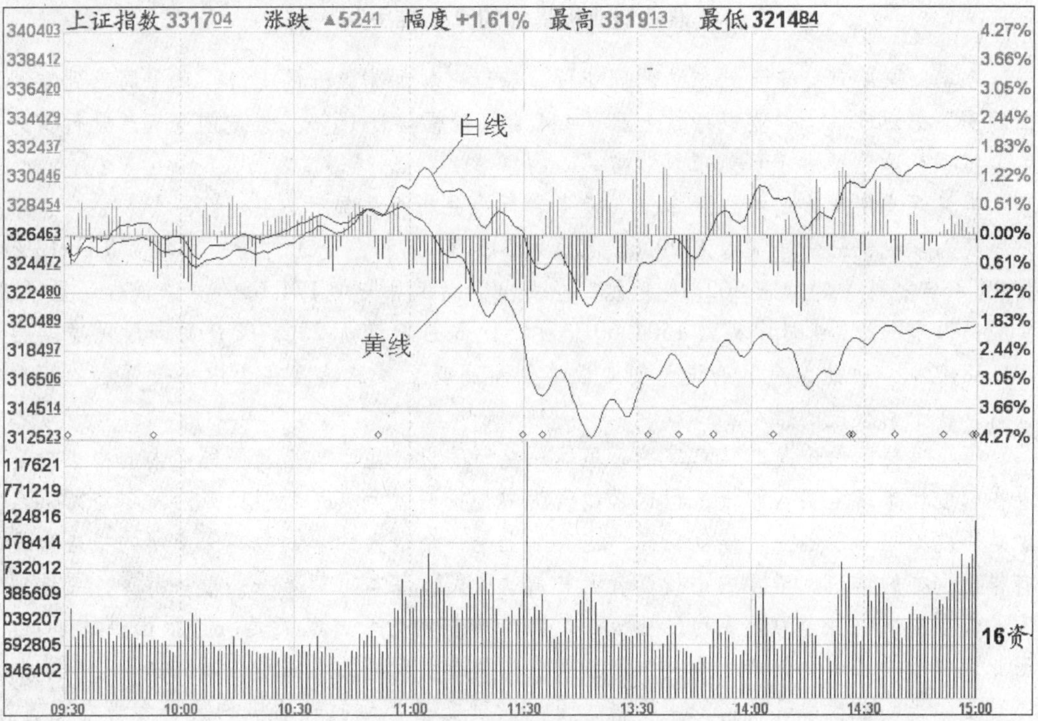

图5－1 上证综合指标图

盘中黄白线之间的走势关系可以反映出一些动态的信息：

1. 白线运行于黄线下方时，说明市场当中小盘股的走势从整体上强于大盘，如果白线偏离黄线下方很远，则往往会出现市场当中涨幅较大的股票较多、而股指涨幅却不大的情况。如果连续几日都出现这种情况的话，则不仅说明当期是小盘的行情，同时也说明市场主力资金投入有限或者对后市的信心尚有不足。主要把精力集中在便于操作的小盘个股的炒作中，尚无意推动大的行情产生。同样的道理，如果白线运行于黄线的上方，则说明市场当中大盘个股的整体走势较强。

2. 投资者需要特别留意一种极端情况，即当盘中白线急速上冲而黄线却涨幅不大时，则说明市场主力在拉高指标股刻意拉抬指数（这时不需要在盘面中一只只去翻）。这时需要考虑两种情况：

（1）在弱市之中，是否政策面有托市的要求？

（2）在累计涨幅已经较大的情况下，是否是在掩护市场主力的联手出逃？

同样，在白线急速下跌而黄线却跌幅不大的情况下，也要考虑两种可能：

（1）当累计跌幅已经较大时，是否是市场主力在刻意打压指数以制造恐慌气氛？

（2）在高位横盘较久，迟迟无法再度向上攻关的情况下，是否有大盘破位的先兆？

如果盘中的黄白线走势基本同步，拟合得较好，则表明市场资金的流向是均衡的，大多数投资者的思路较为一致。

资料传真

谁是创业板暴涨的真正推手？

今年以来一直处于上升态势的创业板，最近出现加速上升的走势，从上周五到本周二的3个交易日中，创业板指数上涨了444点，涨幅接近16%。谁是创业板急升行情的主要推手？这无疑成了目前市场非常关心的事情。

近日深交所发布的4月深市个人投资者行为分析报告显示，4月份，个人小户、中户净买入积极，分别净买入1329.66亿元和545.57亿元，比3月份分别增加133.13%和99.86%；大户净卖出562.10亿元，净卖出额比3月增加174.65%。该报告还显示，新股民入市积极，4月净买入1504.60亿元，比3月份增加25.37%；而老股民净卖出191.48亿元。据此，有舆论说，创业板连创新高甚至暴涨，就在于中小投资者的积极买入，在于新股民的推动。

得出这样的结论是非常草率的。虽然深交所的报告显示包括新股民在内的中小投资者在创业板市场上买入积极，但这只能表明中小投资者尤其是新股民风险意识淡薄，至于是否就此推动了创业板连创新高，这实际上是一个很大的未知数。深交所的报告也没有作出这样的结论。毕竟中小投资者尤其是新股民，基本上都是一些散兵游勇，要让他们的资金形成一种合力，成为创业板指数上升的推动力量，其实是一件很困难的事情。因此，中小投资者尤其是新股民推动创业板指数连创新高的说法恐怕不成立。

谁才是创业板暴升行情的主要推手呢？以投资基金为代表的机构投资者当之无愧。这些投资基金一方面重仓创业板股票，尤其是重仓一些人气股，比如通过拉抬安硕信息、全通教育这样一些高价股来带动市场人气；另一方面在创业板攻城拔寨时，这些机构投资者通常都是大资金出击。在创业板的行情中，作为高价股的安硕信息、全通教育无疑起到了急先锋的作用。截至5月13日，安硕信息与全通教育的最高股价达到了474元与467.57元，这为创业板股票的向上发展大大地拓展了空间。而这两只高价股都是基金的重仓股。

（资料来源：证券时报，2015年05月14日。）

二、个股走势图

要查看某只个股走势，只需在键盘上输入股票代码，按Enter键，即可调出这只股票分时走势曲线，见图5-2。按F5即可出现该股的K线走势图。

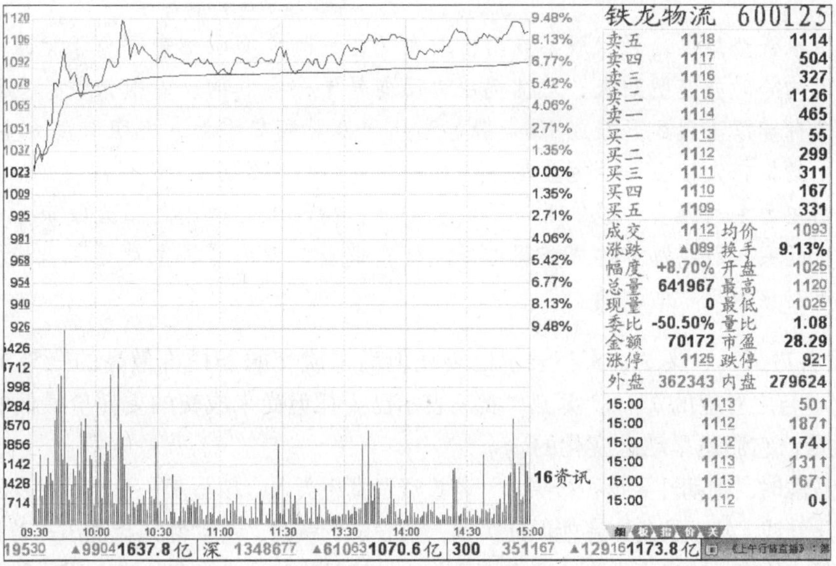

图5－2　个股走势图

图中右边栏中内容的含义：

1. 委比。委比出现在右上方第二行，其大小每时每刻都随买入手数与卖出手数变化。

委比＝（A－B）÷（A＋B）×100

其中：A＝某股当前委托买入三档（买一、买二、买三）手数之和

B＝某股当前委托卖出三档（卖一、卖二、卖三）手数之和

当委比数值为正值时，表示委托买入之手数大于委托卖出之手数，换言之，买盘比卖盘大，股价上涨机率比较大。

当委比数值为负值时，表示委托卖出之手数大于委托买入之手数，换言之，卖盘比买盘大，股价下跌机率比较大。

2. 外盘。成交价为卖出价叫外盘。当成交价为卖出价时，将现手数量加入外盘累计数量中。当外盘累计数量比内盘累计数量大很多，而此时股价又上涨，表示很多人在抢盘买入股票。

3. 内盘。成交价为买入价叫内盘。当成交价为买入价时，将现手数量加入内盘累计数量中。当内盘累计数量比外盘累计数量大很多，而此时股价又下跌，表示很多人在抛售。

4. 量比。量比＝现在总手÷（5日平均总手/240）×当前已开市多少分钟。若量比数值大于1，表示现在这时刻的成交总手放大，量放大。若量比数值小于1，表示现在这时刻的成交总手萎缩，量缩小。

5. 均价。均价＝（分时成交的量×成交价）÷总成交股数

知识问答

小明提问：画面右下角出现几点几分、成交价格、成交手数，这是什么意思？

这是每分钟成交明细表，是观察主力庄家动向的主要“窗口”。成交手数后的箭头，红色箭头表示这一笔成交为主动性买盘，绿色箭头表示这一笔成交为主动性卖盘，白色箭头表示这一笔碰巧搓合成交，买、卖双方分不清谁主动、谁被动。

主力庄家资金雄厚，买入股票或卖出股票必在分时成交明细表下留下记录。分析某只股票每天的分时成交明细表，对捕捉主力动向是十分有利的。一般来说，主动性买盘越多，每分钟连续出现5万股或10万股甚至几十万股成交手数，表明有主力主动买入，股价后市上扬机会大。主动性抛盘越多，每分钟连续出现5万或10万甚至几十万股成交手数，表明主力主动抛售，股价后市下跌机会大，持股者宜卖出。每天收市后，必仔细复查今日自己买入股票每分钟成交明细表，检查是否有大手笔的主动性买盘或抛售，这十分有助于对该股后市的预测。

6. 画面右边买一、买二、买三表示已委托但尚未成交的委托价最高的三笔买进委托价格及其数量。与之对应的卖一、卖二、卖三表示已委托但尚未成交的委托价最低的三笔卖出价格及其数量，它们是呈动态变化的。

当股价看涨时，主动性买盘积极买入，若投资者真想买入，填写卖一价格往往买不到，应比卖一价格多几分钱，甚至数角，才能保证买到；当股价看跌时，主动性抛盘涌出，若持股者真想卖出，填写买一价格往往卖不出去，应少填几分钱，甚至数角，才能在跌势中及时卖出。

磨练看盘的基本功，是成为看盘高手的必修课。

知识拓展

四个经典的止损形态

一、破位股的止损

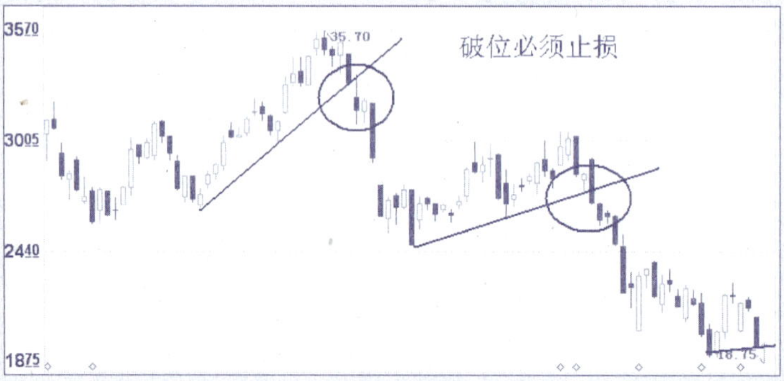

图5-3 破位止损走势图

上面的个股情况（见图5-3），就是典型的破位股走势。一次是W底假突破诱多形态后的破位，股票价格直线跳水，接连的几次长阴大跌后，股票初步站稳，走出一个平台整理的过程，在随后的一周时间里，又出现一个假动作冲高，但是，随即就是六连阴跌下，最终的延续平台整理，不少短线资金以为站稳，结果时间没有超过一周，股票再次破位下行！对上图所标明的个股，投资者不但不要补仓和加仓，相反还应该在第一次破位的情况下，果断执行止损纪律出来观望，一直要耐心等待到整个上升趋势有效建立的时候，再重新吃回来。

二、放量长阴杀跌的止损

如果自己持有的股票属于刚击穿20日均线、30日均线处于下跌的开始，自己又是短线风格的操作形态，那么投资者应该先行出来规避风险。一般讲这样的股票从日K线上出现第一次的放量破位长阴，后期还有更凶猛的下跌，因此建议先行离场（见图5－4）。

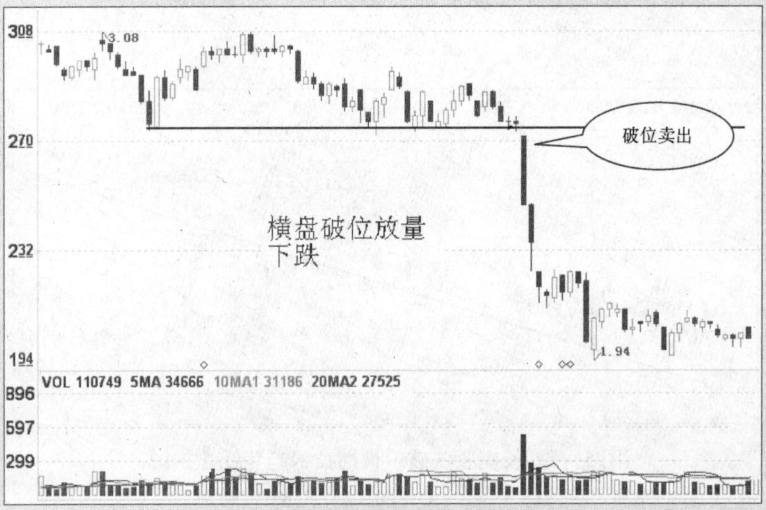

图5－4　放量杀跌止损图

三、下跌中继型止损

从K线组合形态上看，持续的走低出现首次十字星，通常是下跌的中继表现，投资者应该在次日的反弹中缝高卖出，耐心等待股价有效探低成功再行介入（图7－5）。如果一只股票接连不断地跌去30%，甚至是50%，往往这样的个股会出现一波有力度的反弹，那么，投资者不应该盲目割肉，而是适当补仓摊低成本，在未来反弹到前期高点，或者是30日技术反压线一带离场，注意加强波段操作实现自己的扭亏增盈。

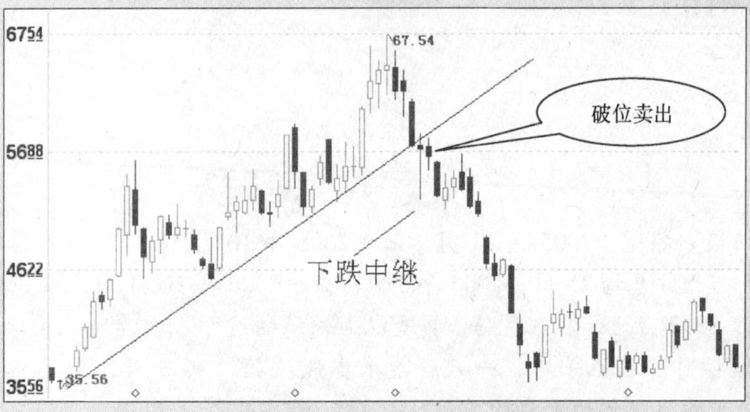

图5－5　下跌中继型止损图

四、长庄股跌破中长期技术趋势线止损

比如第一次跌破30日均线、60日均线的品种，而且前期上升通道形成的时间有3个月以上，部分市场资金看准了主力节奏，平凡短线买卖，使主力产生强烈洗盘意愿的，我们不妨先止损离场，一旦股票价格跌到半年线或年线一带，主力重新竭力护盘的，逐步重新走高的时候，我们应该果断买回，往往这些都是长线庄挖坑洗盘再创新高的表现。

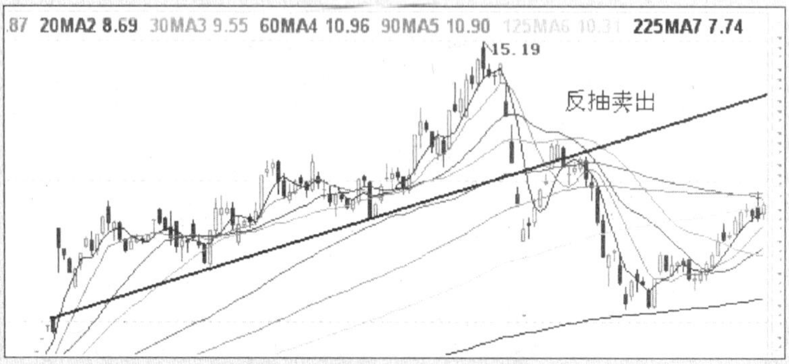

图5-6 长庄股跌破中长期技术趋势线止损图

从历史经验看，强势股出现补跌应该成为行情短期调整的重要信号。2007年6~7月份的中粮屯河在跌破30日线、60日线后，展开一轮凶横的洗盘，幅度超过45%，几乎所有的中短线资金都被震飞，可是，在年线位置，主力烽烟再起。

任务二 体验看盘操作

任务导入

据《大河报》报道：2005年11月1日—2006年10月31日，一年的时间，10万元变成了165万元，暴增15倍；2006年3月1日—2006年10月31日，8个月的时间，10万元变成了83.3万元，狂涨7倍。创造以上佳绩的这个人叫李旭东。李旭东最擅长的是短线看盘操作。在他手中，一只股票很少能“捂”够三天，但其交易成功率在90%左右。可见看盘操作的重要性。

一、看盘的六大关键

要想知道市况的强与弱、人气的多与寡、行情的热与冷，仔细观察每日盘面的变化，便可知市况的冷暖。

1. 大盘向下跳低开盘，一波比一波低，上扬时成交量缩小，反映买入者渐少，下跌时成交量放大，反映抛售者增加。指数分时走势图呈 9 个小波浪下跌，每个波峰越来越低，表明大盘开始转弱，出货的特征明显。投资者应趁每次盘中反弹分批减磅。若当日大盘行情无法上扬到昨日收市价以上，即无法回补今日留下的一个向下跳空缺口，这表明大盘走弱。特别是大盘大幅上扬末期出现跳空下跌走势，更意味卖方力量强大，大盘掉头下跌。主力出货坚决，行情将由升势转为跌势。有时大盘分时走势图呈现 13 个波浪下跌，更表明大盘走弱。一般大盘跳低下跌，若下午 2：00 分或下午 2：30 分不能大幅上扬回补缺口，可视为大盘走弱成为今后一段时间的主流。若大盘以最低价收市报收，往往导致第二天继续跳低开盘。

2. 若大盘下跌，应观察哪个板块领跌。若龙头股或领涨股率先掉头下跌，则意味着这个市场炒作热点将降温，由热转冷，是考虑逢盘中反弹卖出的关键时候。龙头股或领涨股一般是一轮行情的“火车头”，“火车头”走下坡路往往意味着这轮行情将结束。领头羊掉头下行，群龙无首自然难以大幅推动行情冲高。看盘的关键之一是紧盯龙头股或领涨股板块的动向。

3. 无论大盘升、跌，每日必紧盯着主力资金流向，每日必关注“今日资金流向排名”一栏。

知识问答

小明提问：关注“今日资金流向排名”有何意义？

股价是靠资金来推高的，资金流向排名，可直接发觉今日市场资金流向哪只个股、哪个板块。若该股或板块上扬，资金流向大，反映主力介入，特别是行情由低向高启动之初，主力资金向哪只个股或板块流动，哪只个股或板块往往成为龙头股或领涨股，是及时果断跟进买入、坐等主力抬轿的良机。若连续观察几天，哪只个股或板块每日资金流向排名均居前，便可确认该股或板块为领涨动力板块股。

若每日资金流向排名的“个股面孔”不断变换，很难持续 2～3 天，便可确认市场主力无心恋战，没有形成合力推动行情发展，大盘呈盘局或盘跌走势居多，表明市场无热点。即使有热点，但转换快，难以引发投资者产生“共鸣”。个股行情以一两天短线反弹上扬为主流，仍难推动大盘大幅上扬，仅仅起到维持人气的作用。

若每日资金不断减少，表明市场卖方且战且退，是市场走弱的信号，应引起持股者高度警惕。

4. 每日看盘要关注“涨跌幅排名”一栏，留意居涨跌幅前列的个股和板块。观察居涨幅前列的个股是否具有领涨作用，是否引发整个板块产生整体启动，是否引发具备同类题材的个股群产生整体联动，不同板块之间是否产生联动。观察领涨板块与近期热门行业、热点概念是否契合，若是该板块短期涨幅会有好的表现，则该板块的领头个股应予重点关注。一轮上扬行情，仅由一个板块整体上扬，这种推动力往往只能形成反弹行情。这个领涨板块掉头下行则意味着反弹行情结束。若盘中形成2~3个板块轮番启动上扬，人气被有效激活，大盘则形成主升浪，形成反转行情。每轮行情的上扬都容易引发市场到底是反弹还是反转的争论，其实只要从数天盘面观察板块启动的数目，便知市场是反弹还是反转了。面对反弹与反转行情，应采取截然不同的操作策略，学会观察板块启动数目来识别反弹或反转就显得重要了。

5. 关注每日巨幅振荡的个股股价异常波动，反映市场买方或卖方力量今日悬殊大；振荡幅度大但仍大幅上扬的个股往往表明该股走势较坚挺，后市上扬机会大；若股价大幅下挫，表明今日抛售压力大，要警防主力出货，后市下跌机会大，应引起持股者的警惕。

6. 关注每日成交量与成交金额异常放大的个股。若股价处于低价区，放量上扬，应可视为有主力建仓，是考虑是否及时跟进的关键时刻。若股价处于高价区，成交量异常放大，反映抛售的人数增多，甚至主力出货，应引起持股者高度警惕，是考虑出货控制风险的时刻了。

每日看盘，观察、留意以上六个方面的因素，结合当日的利好或利空消息，假以时日积累看盘经验，一定可知市况的冷暖，从而制定出适合自己的最佳买卖策略。

二、抓住盘面变化，顺势操作

在历史上数次波幅巨大的急升与急跌行情产生的过程中，许多中小散户屡屡在急升中踏空，而在急跌中却被深套。为什么广大中小散户投资者不太能适应这种急升与急跌的市况呢？主要是因为平时缺乏对巨幅振荡中的看盘与操盘策略进行深入研究与探讨。只有平时多研究针对不同市况的策略，战时才能做到有备而战、有的放矢、沉着应战。

1. 面对急升行情，若有政策利好支持，可视为买入第一信号。这时成交量大幅放大，是平时的2~3倍以上，显示有大资金介入。“量”比“价”先行，成交量的突然骤增，反映买方力量强大，可视为更多可靠的第二买入信号。观察第一天或连续第二天放量领涨是什么行业的股票，资金主要流向哪个板块股，便可确认市场的热点所在、领涨的主流板块是什么。领涨的主流股票行业是市场舆论反复宣传、讨论的焦点，媒体的推波助澜更可确认主流领涨板块。“炒”股票就是要抓住市场炒作热点，买入领涨板块股就能跑赢大盘。领涨板块股往往成为行情的风向标，领涨板块股率先启动，表明主力资金的动向，领涨板块上扬速度快，买入要敢于追高，不敢追高买入或想等待领涨板块股回档买入，都易丧失上升初期抓龙头股的良机。抓龙头股的奥秘之一就是敢于买入第一批启动、放量上行的股票。市场的热点是围绕挖掘所谓的“题材”煽风点火而起，题材就在于炒朦胧利好与期盼，行情启动之初，要脑筋急转弯，改变先前市场弱市中谨慎胆小的思维模式。只有反应快，大胆去买，才能抢占先机。

当大盘连续暴涨，升幅十分可观后，要关注领涨龙头股的走势。龙头股掉头下行，则意味着行情将进入调整或下跌期，卖出股票不要手软。

2. 国内股市投机性强，往往呈现如下特点：上升时成交量突然放大，上升速度快、时间短，投机客大炒一把，赚了就溜走，接下来股市下跌时间长、调整幅度大、被套时间长。不少证券投资者，特别是性格急的股民面对阴跌的市况，不知如何看盘与操盘。

面对低迷阴跌的市况，持币休息是最佳避险措施，即使个别股票在主力庄家人为操控下逆市上扬，宁可错过、不可做错。股评每日推荐潜力股只可眼看，不可手动。每次反弹上扬颇具诱惑，要学会忍耐，控制自我的冲动，不抢反弹，不眼红别人抢得短差。要懂得平衡自我心理：今日的忍耐，是为了今后有资本抄大底，做大行情。正所谓“小不忍则乱大谋!”

投资箴言

做股市赢家的要诀之一：市况越低迷越要关心股市，市况越低迷，意味风险越小。

行情下跌很大幅度后，市况越低迷，普通大众越不关心股市，这时便迎来关心股市的良机。市场陷入低迷市况，若跌幅高达50%以上时，便迎来研究个股、做好迎接下一波大行情的准备工作时机。

知识拓展

低迷市况的盘面特征为：大盘盘跌为主流，反弹上扬力度小、幅度小，时间仅有一天，最多2天，反弹上扬时追高者少，成交量明显萎缩，给人的直觉就是上攻十分缓慢与艰难。第二天反弹经常结束，大盘轻易就掉头下行，放量还下跌，多方的支撑阻力位、整数关口未经多大的抛单打压就被击穿，大盘呈现“盘跌—反弹—再盘跌”的走势。大盘成交量逐步萎缩，日K线图上呈现小阴小阳、阴线多过小阳线的排列，大盘对利好消息反应迟钝，即使较大利好也仅仅反弹上扬一天或数天，随后反而遭致抛单打压。个股行情往往呈无序超跌、小幅反弹的走势，今日居涨幅前列的个股明日反而居跌幅榜首，可见主力且战且退。每天给人的感觉是：都有个股上扬，但涨幅5%以上的个股少之又少，涨1%～5%的个股虽飙红上涨，即使上扬也难以短炒获利。板块缺乏联动，板块与板块之间更缺乏轮动，主流板块反而节节盘跌，市场无炒作热点。短炒难度极大，市场缺乏赚钱效应，场外资金观望多、参与少，市场呈现买得多套得多的局面，大盘出现所谓“无量阴跌”的低迷市况。阴跌导致短期技术指标KDJ值、RSI值等低位钝化，导致不少市场股评不断喊：底部形成。每喊一次大底部形成令投资者为之一振，但仅过数天大盘再创新低，使预测底部的股评一错再错。此时，投资者不断失望，悲观气氛开始蔓延，大盘更进一步低迷。

国内股市每次展开主升浪，形成大行情的导火索几乎都是由政策面利好点燃的。低迷市况跌幅高达50%～70%后，再密切关注政策面的变化，大底何时形成，聪明的投资者只听利好政策的号角吹响。

【实例链接】

上升趋势同样要捕捉好买点。在所有股票预测理论中，有一种预测比较简单而且十分有效，投资者只要通过画出简单的直线就基本可以捕捉到股票的买入点，这就是趋势理论。一旦一个股票的运行形成了一定的趋势，那么该股还将沿该趋势继续进行下去。

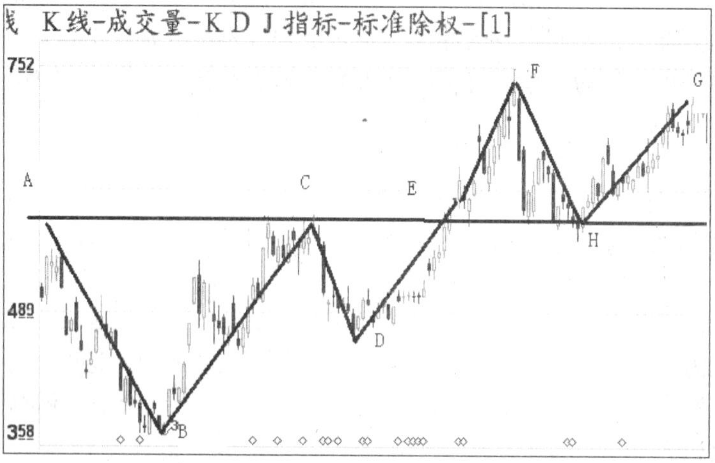

图 5-7 上升趋势买点

图 5-7 中的 B、D、H 点都是上升趋势的下轨支撑位置，这样的连接低点都是短线操作者理想的好买点。连接股价波动高点的直线为下降趋势线，连接股价波动低点的直线为上升趋势线。

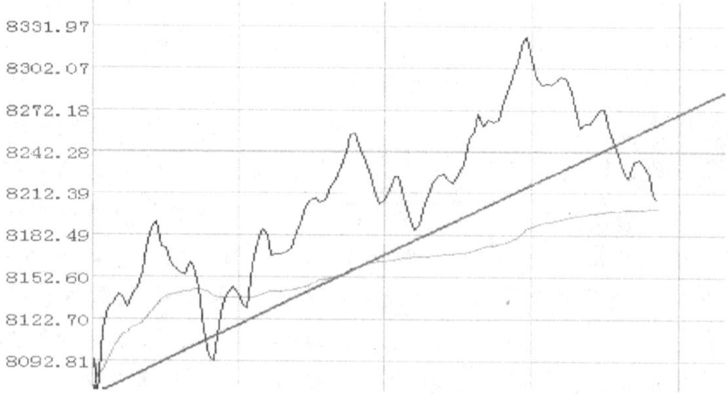

图 5-8 大盘分时趋势图

图 5-8 是大盘分时趋势图，其研究意义是短期的，如果我们把这个观察指标延到个股里，将有一定的实战价值。

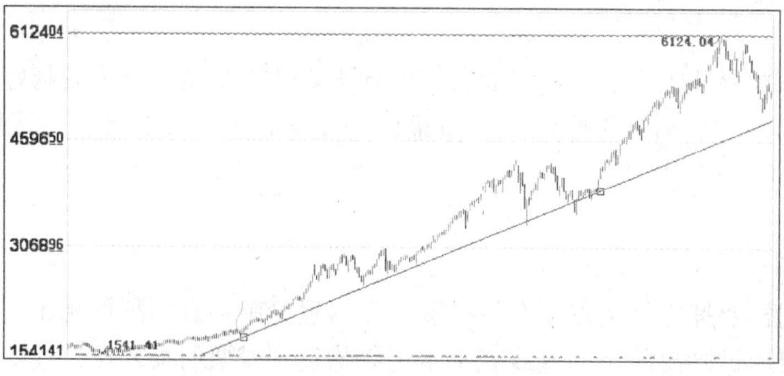

图 5-9 大盘中长线趋势图

而对大趋势来说，图5－9的趋势线指标才具有中短期研究意义，直线是支撑线，那么，每一次调整到这个位置的时候，属于短线的买进点。

从本质上讲，利用趋势支撑线捕捉股价买入点是从主力的资金成本实际出发。股价跌到主力的成本区，机构自然要护盘，所以趋势支撑线就反映了主力的成本线。令人遗憾的是，时到今日，仍然有不少人在支撑线割肉，在上升趋势上轨追买。

任务三
学习操盘的技巧

任务导入

大幅上涨之后，什么时候才是股票卖出时机？大幅下跌之后，什么时候才是股票最佳的买入时机？什么时候应空仓观望？股谚这样说，会买的是徒弟，会卖的是师父，会空仓的是师爷。

一、抓住顶部与底部特征操作

股市总是涨跌交替、周而复始，没有永远上升的股市，也没有永远下跌的股市，有上升必有下跌。如果我们能够抓住上升过程的顶部卖出和下跌过程的底部买进，则可以实现投资者追求利润最大化的梦想。

1. 行情顶部的特征。形成行情顶部时，市场都出现乐观论调，头部总是出乎绝大多数投资者的意料之外。若市场大多数投资者都预料出现头部，这个头部一定不是大头部，仅仅只是小头部而已。正所谓“行情在犹豫中上升，在欢乐中死亡”。具体特征如下所述：

（1）行情大幅上扬后出现极乐观市况，市场评论几乎一片看涨，个股出现疯狂涨停，黑马奔腾。

（2）行情大幅上扬后，成交量创下天量。天量几乎90%形成天价，意味后市介入资金有限，行情缺乏上升动力，自然掉头下行，成交量创下巨量，是卖出的关键时刻。

（3）行情大幅上扬后，成交量却出现背离现象，呈价升量缩的特点，反映行情上扬并没有受到场外资金的追捧，只不过场内持股者信心较强，惜售，导致上档抛压小，资金不大也可能推高行情。但这样的行情不会持续很久，形成头部的机会很大，通常量价背离形成小头部的机会偏多，见图5－10。

【实例链接】

上证指数2007年顶部走势。

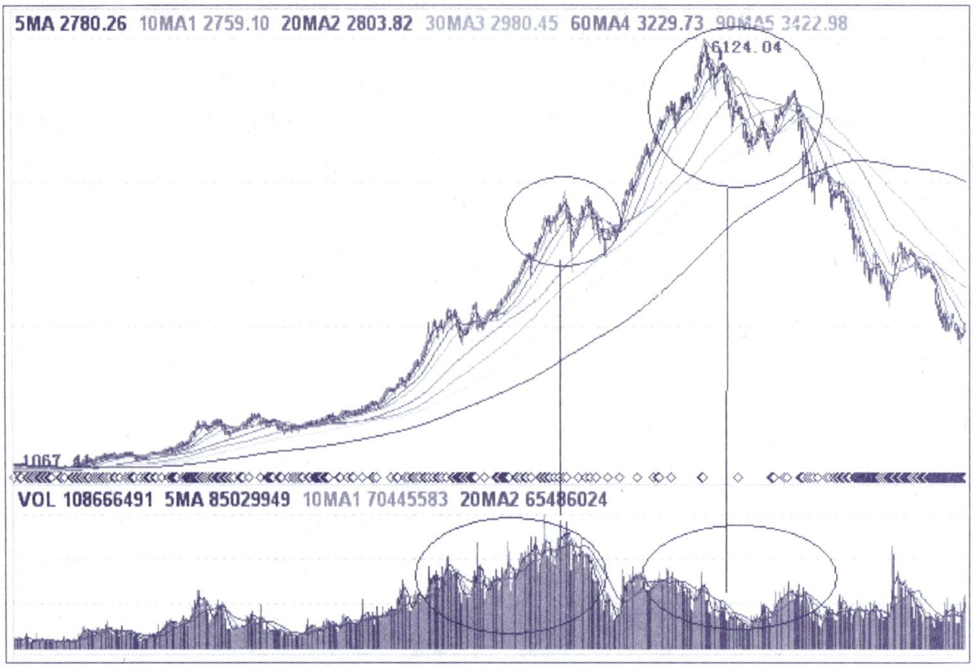

图 5－10　顶部特征

（4）日 K 线图上出现三个以上跳空缺口，则 90% 以上概率易形成头部区。见三个以上跳空缺口坚决卖出，几乎每次都可以顺利逃离头部区。

（5）指数周 K 线图上，6 周相对强弱指标 RSI 进入 80 超买区内，逢高卖出，增持货币，减持股票是一项明智、谨慎、规避风险的做法。

（6）指数日 K 线图上，6 天相对强弱指标 RSI 出现顶背离现象，行情易出现急跌，形成头部。

（7）行情在大幅上扬后，政策面上出现不利或足以改变主力操作动向的因素，即意味行情宣告结束。

以上 7 项特征并非每个大头部都具备，具备特征越多，大头部出现的可靠性越大，是投资者卖出的关键。

2. 行情底部的特征：

（1）市场领跌板块跌无可跌，成交量极大萎缩，开始创下近期地量，表明抛售压力开始耗竭。

（2）大盘成交量大幅萎缩，大盘开始止跌，上涨股票家数开始大于下跌股票家数，市场信心开始恢复。

（3）市场出现新的热点或领涨板块股。

（4）调整的时间和空间均有一定的长度与幅度。

（5）市场心理出现恐惧或失望。

（6）技术指标低位钝化或出现“底背驰”信号。

【实例链接】

上证指数 2008 年底部走势，见图 5－11。

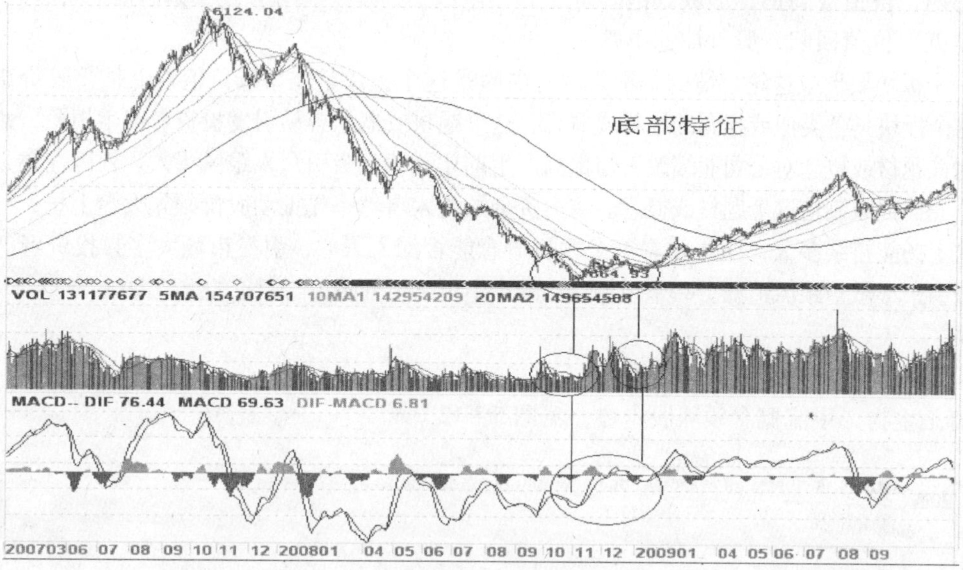

图 5－11　底部走势

（7）大盘跌穿重要支撑位，导致市场评论出现恐慌论点。

以上后两个特征都构成大盘结束调整的内因。一旦市场出现利好预期或传闻，一轮主升浪便喷薄而出。

调整行情结束，一轮主升浪展开，谁先领涨，谁就为领涨板块。骑黑马，抓龙头，就要在第一时间关注领涨板块股。

二、抓住领涨板块

1. 领涨板块的含义。所谓的领涨板块股是指一轮上升行情启动之中，市场表现最具活力的板块。具备同一或类似题材或概念的股票备受市场主力资金追捧，股价短期大幅上扬，上扬的速度与幅度均超过市场其他股票的平均幅度。领涨板块股的升与跌常常成为左右大盘上升与下跌的“主心骨”，其余板块股的升与跌大多以领涨板块上扬的幅度、持续的时间、放大的成交量与换手率为参照对象。

投资箴言

俗话常说：擒贼先擒王。炒股票就是要抓住领涨板块股！

2. 领涨板块的形成过程。一轮上升行情启动一定是由一个或数个板块股轮番上扬，形成局部或全面的赚钱效应，吸引场外资金不断介入，达到众人拾柴火焰高的炒作局面。一个或数个领涨板块股的形成一般都包括以下几个步骤：

第一，股票价值被市场低估，较长时间被冷落。

第二，价值被发觉，舆论或政策导向出现强烈信号。

第三，价值回归炒作。

第四，价值被高估，形成气泡。

第五，价值回归，股价加速下跌。

一个板块要形成这轮行情的领涨板块，内因是这个板块整体市场价值被低估，股价普遍偏低。这个板块具备类似或相同的题材或概念，这个题材或概念容易引发投资者产生想象，刺激投资者对该题材或概念对公司业绩改善与提高产生期望，从而吸引众人跟风买入。外因往往是市场主力率先捕捉或制造这个题材或概念。主力资金的流入自然率先推动股价领先大盘上扬，一个领涨板块上扬能持续多久，往往要看这个题材概念能否深入人心，引发市场大多数投资者产生共鸣，吸引中小散户跟风追涨。一个市场热点的产生更离不开政策与舆论的推波助澜。

【实例链接】

海王生物　甲流概念领涨股走势，见图5－12。

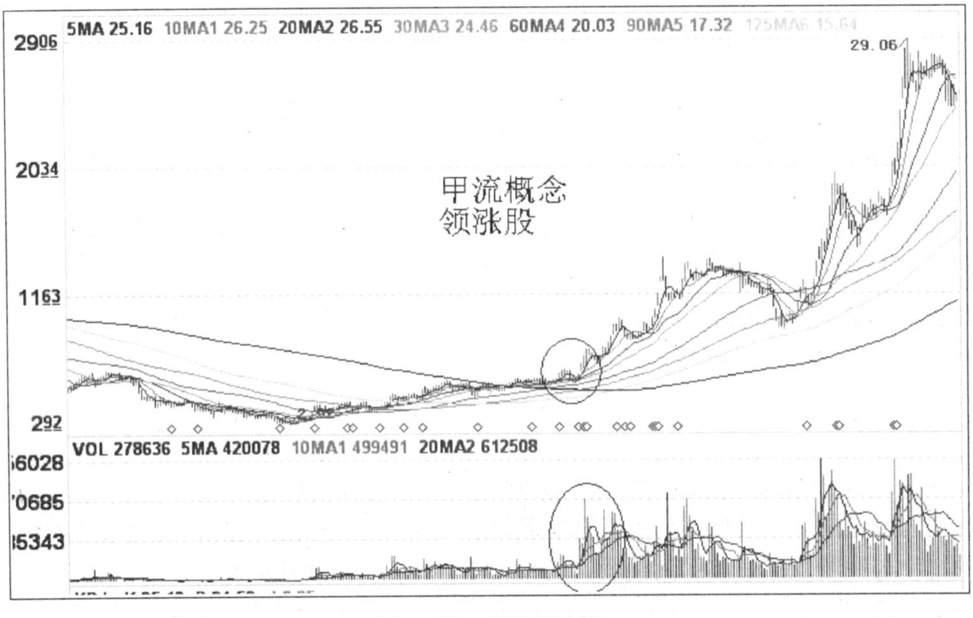

图5－12　板块领涨股

3. 领涨板块在启动初期的盘面特征：

（1）政策倾斜、利好出台或媒体集中报道某些政策或经济生活热点。这是二级市场某个炒作热点容易形成的信号标志。

（2）在长期低迷的市况中，率先底部放量，大笔主动性买盘不断出现在某股票的分时交易记录明细表中，该股票居涨幅前列，该股票上扬刺激具备同一或类似题材或概念的板块股上扬，成交量与成交金额呈价升量增走势，在资金流向记录明细表上居成交数额较大前列。

（3）领涨板块股启动之时常常出现跳高开盘，迅速上扬，成交量短期暴增，买单很大，甚至封住涨停。

（4）市场投资者普遍抱观望或怀疑态度。

（5）市场评论开始关注领涨板块，随着领涨板块股价的上扬，评论也开始升温。

具备以上 5 个交易特征，几乎可以肯定领涨板块初步形成。

领涨板块初步形成之际，投资者要“快、准、狠”地及时买入，此时若没有敢于追高买入的勇气，便会贻误良机，有时甚至要有追涨停买入的胆量。抓领涨板块股离不开果断买入的勇气和敢为天下先的谋略。

如 1996 年、1997 年抓绩优板块股，1997 年、1998 年抓住重组板块股，1999 年抓住有线电视网络股，2000 年初电子商务、高科技板块股，2007 年的大盘蓝筹股，2008 年的中小板股票，2009 年的甲流感生物制药板块，2013 年医疗器械板块，2016 年热点板块公用事业板块，这些都体现不同市场背景下的领涨板块的实战炒作。要想成为股市大赢家，就是要抓住市场上的下一个领涨板块股。

【实例链接】

广州药业　医药板块强庄股走势，见图 5－13。

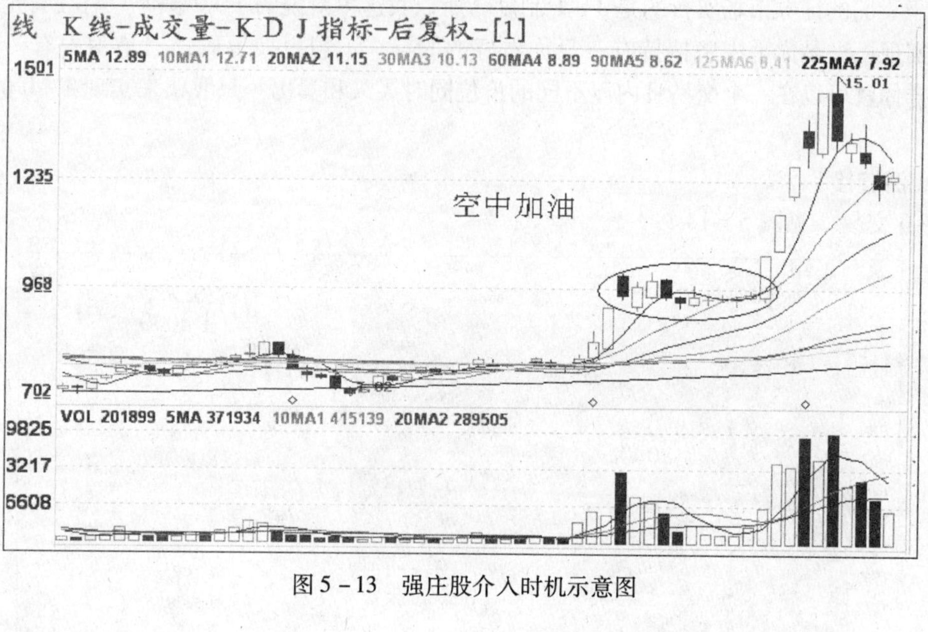

图 5－13　强庄股介入时机示意图

三、涨停板与 T＋0 操作

证券市场交易价格的涨跌停制度，其目的是为了防止一些市场主力无限制地哄抬或打压股价，保护投资者尤其是中小投资者的利益。然而由于涨跌停制度会引起很多的常用技术指标以及量价分析的失真，所以投资者往往会感到很难把握。实际上对于一只涨停板的股票可以从下面几个方面来进行分析：

1. 当某只股票前期已有一定涨幅，忽有利好消息公布，次日开盘即拉至涨停板位置，且随即开板，此时理应卖出。此类股一般是前期的明星股、强庄股，主力在明处借利好发出做多信息，一般往往是引诱散户追涨，借机出货。

2. 当某只股票在一个相对低位缩量整理多时后，某日开盘突然拉至涨停板位置，而且一直封到尾市，一般次日还有冲高。如果在第二个和第三个交易日，成交量能够继续放大而且股价能够维持稳定，后市往往继续做多。如果次日即缩量回调则很可能是主力的试盘行情，投资者尚须等待一段时间。

3. 对于一只连续涨停的股票，投资者一般可以连续持有。判断出货的时机，可以坚持天量出货的原则，即某两个交易日连续出现近一段时间内所未见的天量，一般就应在第三个交易日内果断出局。

4. 对于 ST 板块，由于震荡比较激烈，往往会出现涨跌停交替的情况，如果出现在突破形态当中，投资者可以坚持首根阴线出局的方式；如果出现在整理形态当中，建议最好当日即出局观望。

一般来说，个人投资者不适合做过于频繁的短线操作。花细致的功夫去研究股市，选择一只长期看好的股票是比较合理的操作手法。但是，一味地做单纯中长线投资往往会只着眼于买入和卖出两个点位，而忽略了中间波段性的过程。实际上，在不愿意改变持仓结构和持股品种的情况下做盘中 T+0 的短线操作也是可以的。

由于我们的证券市场实行的是 T+1 制度，所以我这里所说的 T+0 操作只有在特定情况下才能够实现：一是你手中坚持持有一只你看好的股票，不想更换筹码；二是手中有一定的资金。这样你就可以在一个交易日内以不同的价位同时买入和卖出一只股票来实现 T+0 的效果。

【实例链接】

T+0 交易，见图 5-14。

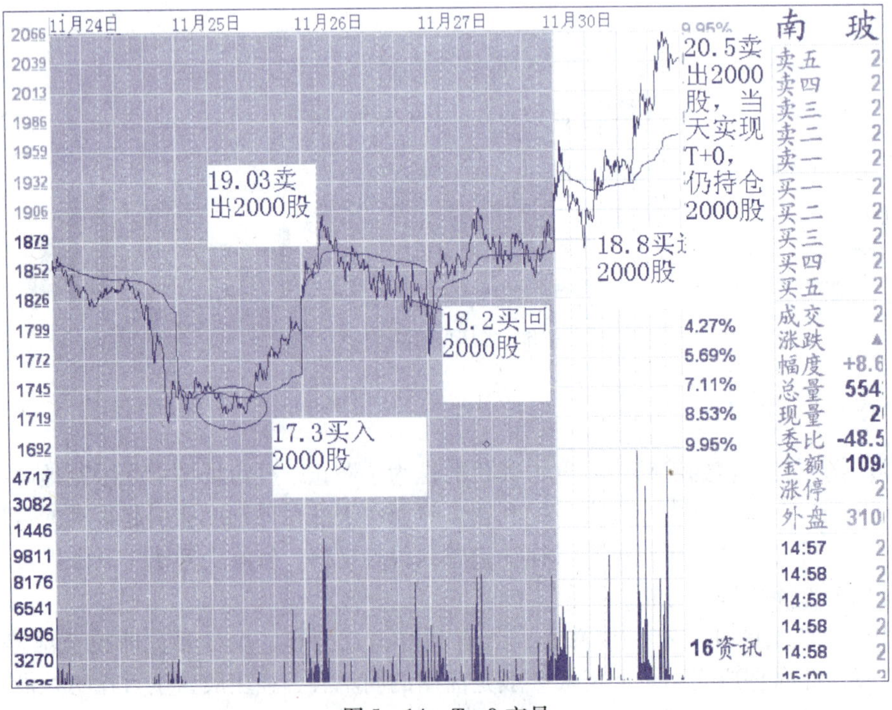

图 5-14 T+0 交易

最后还需要强调一点，盘中 T+0 操作一般只在股指震荡剧烈时才有实用价值，而且你在操作的当天需要自始至终关注盘面的变化，同时还要有一定的短线技术分析能力。否则，最好不要采用。

项目小结

本项目主要介绍了看盘技术和操盘技巧，着重说明了看盘的六大关键、头部与底部特征及操作，还介绍了如何抓领涨板块以及 T+0 交易，为投资者提供了如何把握投资机会的方法。通过学习应了解证券行情操作的一些基本知识，掌握看盘的一些基本常识，学会运用技术分析来进行操作。

本项目重点是把握看盘的关键、头部与底部特征及操作。

项目作业

一、填空题

1. 所谓的（　　）是指一轮上升行情启动之中，市场表现最具活力的板块。

2. 成交价为（　　）价叫外盘，成交价为（　　）价叫内盘。

二、判断题

1. 当委比数值为正值时，表示委托买入之手数大于委托卖出之手数，换言之，买盘比卖盘大，股价上涨机率比较大。（　　）

2. 当委比数值为负值时，表示委托卖出之手数大于委托买入之手数，换言之，卖盘比买盘大，股价下跌机率比较大。（　　）

3. 白线运行于黄线下方时，说明市场当中小盘股的走势从整体上弱于大盘。（　　）

三、案例分析

有的股涨幅不是翻几番的概念

周四 A 股大盘峰回路转，前期一再强调的上升趋势再次发挥神奇力量。

小盘优质含权股行情如火如荼，午后银行股、能源股在朦胧利好刺激下，不断走高，尾盘两市股指再次站上多头均线支撑之上。

今天《实盘日志》强调一个观点，那就是："下降趋势空仓休息为上，上升趋势安心持股，不理睬趋势线没有破坏的任何震荡，甚至是跌停打击"。这一点应该刻骨铭心地牢记，这是将投资收益做得更大的有效手段，对指数的猜猜测测，只会使自己失去更大的机会。

可以预见，周末大盘还将保持震荡走高的格局。

对待小盘优质股，特别是基本面优异，成长性好的品种，一定要安心持有，不要被主力制造的盘中震荡而轻易丢失了宝贵的筹码。

真正的具有复合高成长潜力的股票，其实是不能够以简单的几个涨停板去估算的，比如《长线绩优股炒做的基本特点》里指出："不论是1997年开始长期走牛的东北热电、盐湖钾肥，还是从2004年不断上涨的苏宁电器、思源电器。给A股市场带来的财富效应是极其震撼的，它们最终的上涨幅度都是在数十倍之上，创造出资本市场令人惊叹的绩优股投资神话"。

需要提醒的是，对短线投资者来说，短线投机股、概念股或者是权证产品，技术分析有一定的帮助，但是，对长线投资品种而言，必须结合基本面去进行，两者相辅相成，并结合政策面去看待，才不会出现偏颇。

年轻时期的巴菲特，曾经就一只个股的走向请教过华尔街知名的分析师，该分析师认为这只股票上涨幅度超过了10倍，技术形态恶劣，应该抛售，当时，投资风格并不明朗的巴菲特听信了这些意见，将这只股票清仓抛售，事后，这只股票开始长达15年的走牛，因为公司优异的成长性，股票价格继续翻了30倍。通过此件事情后，巴菲特不再相信任何技术分析，而是师从格雷厄姆，并以坚持价值投资成为一代世界级水准的投资大师。

（资料来源：封起De日子博客，2008年12月18日。）

最后，我们来看看一只个股的实例情况（见图5-15）：

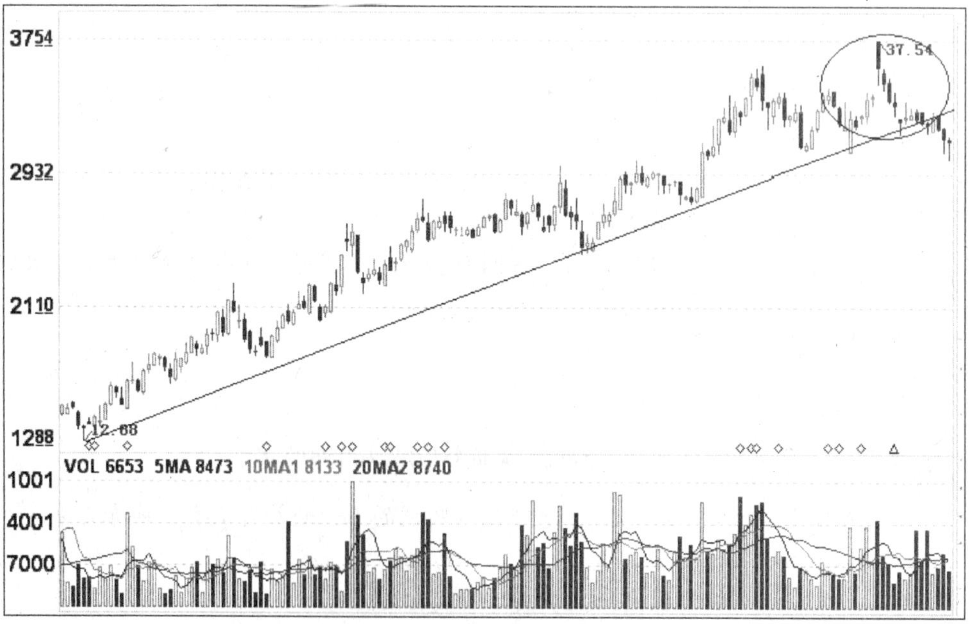

图5-15

如图5-15，是一只个股的K线图，短期股价已经翻番，主力不断拉高之后，股票价格终于跳水，连续五连阴的K线组合，并跌破上升趋势线，是否说明主力资金疯狂逃跑了呢？

当时的所有技术分析结论是：必须果断清仓出局，规避雪崩式跳水杀跌。这些分析都是对的吗？

先不妨请你将K线图反复看清楚，思考30秒如何？

我相信，所有的技术分析会说，当然要出局。

可是，你再看看图5-16，一切的肯定都被否定了。

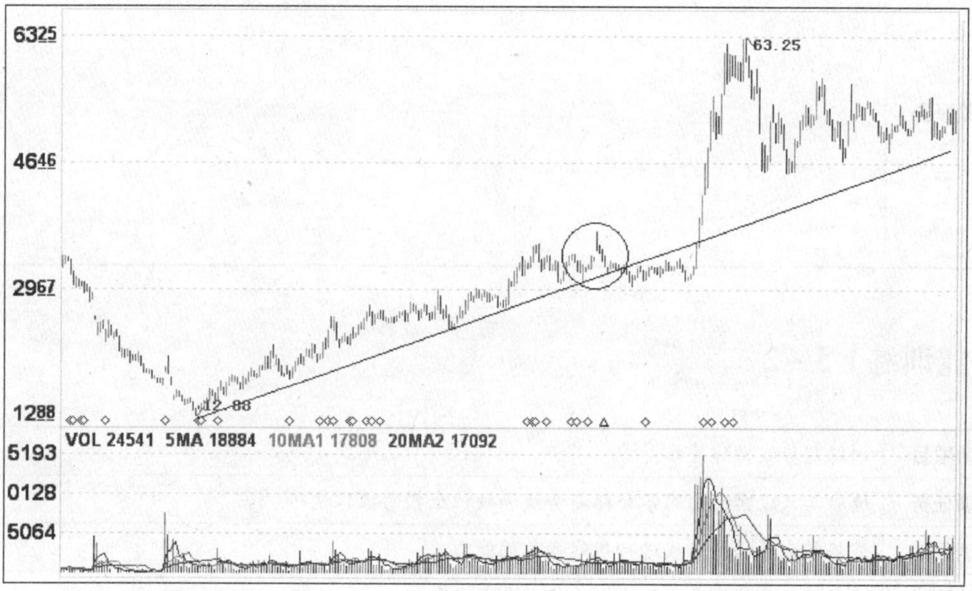

图5-16

请同学们分析讨论：

1. 技术分析和波段操作的优点、缺点各是什么？
2. 决定股票价格长期走牛的关键是什么？
3. 你会从中得到哪些启示？

【技能训练】5-1

实训项目	读懂大盘和个股盘面基本信息
实训任务	选取当前大盘走势和1~2个个股走势图，会讲解盘面基本信息
实训目的	培养、锻炼学生解读盘面基本信息的能力
条件要求	开通互联网的证券实验室（配有投影仪）
资料准备	第一，教学课件及相关文图资料；第二，向学生提供主要的证券机构网址或者由学生进行搜索获得

续表

考核要求	完成无纸化实训报告，做好PPT汇报材料
实训过程提示	第一，说明本次实训的任务与目标；第二，说明实训报告填写的基本框架；第三，提示学生收集资料的主要途径；第四，对学生进行分组，要求每组指定一名同学以PPT的形式做好上讲台汇报准备；第五，组织、指导学生实训；第六，请1～2组的同学代表介绍自己是如何解读盘面信息的
实训报告	

【技能训练】5-2

实训项目	训练趋势线操作策略
实训任务	选取二只股票面向同学介绍趋势线和破位止损的操作技巧
实训目的	锻炼学生根据趋势线进行短线操作的能力
条件要求	开通互联网的证券实验室（配有投影仪）
资料准备	第一，教学课件及相关文图资料；第二，向学生提供主要的证券机构网址或者由学生进行搜索获得
考核要求	完成无纸化实训报告，做好PPT汇报材料
实训过程提示	第一，说明本次实训的任务与目标；第二，说明实训报告填写的基本框架；第三，提示学生收集资料的主要途径；第四，对学生进行分组，要求每组指定一名同学以PPT的形式做好上讲台汇报准备；第五，组织、指导学生实训；第六，请1～2组的同学代表介绍自己是如何运用趋势线进行分析的
实训报告	

【技能训练】5-3

实训项目	训练看盘操作能力，抓住领涨板块
实训任务	根据当前大盘热点，选取1只领涨股票进行投资分析
实训目的	锻炼学生进行热点短线操作的能力
条件要求	开通互联网的证券实验室（配有投影仪）
资料准备	第一，教学课件及相关文图资料；第二，向学生提供主要的证券机构网址或者由学生进行搜索获得
考核要求	完成无纸化实训报告，做好PPT汇报材料
实训过程提示	第一，说明本次实训的任务与目标；第二，说明实训报告填写的基本框架；第三，提示学生收集资料的主要途径；第四，对学生进行分组，要求每组指定一名同学以PPT的形式做好上讲台汇报准备；第五，组织、指导学生实训；第六，请1~2组的同学代表介绍自己是如何把握短线热点的
实训报告	

【技能训练】5-4

实训项目	大盘顶部或底部的判断
实训任务	根据大盘当前走势，判断位于顶部还是底部区域
实训目的	锻炼学生判断大盘位置的能力
条件要求	开通互联网的证券实验室（配有投影仪）
资料准备	第一，教学课件及相关文图资料；第二，向学生提供主要的证券机构网址或者由学生进行搜索获得

续表

考核要求	完成无纸化实训报告，做好 PPT 汇报材料
实训过程提示	第一，说明本次实训的任务与目标；第二，说明实训报告填写的基本框架；第三，提示学生收集资料的主要途径；第四，对学生进行分组，要求每组指定一名同学以 PPT 的形式做好上讲台汇报准备；第五，组织、指导学生实训；第六，请 1 ~2 组的同学代表介绍自己是如何判断当前大盘高低的
实训报告	

项目六

6 把握证券投资的方法与技巧

知识目标

- □ 理解投资策略的含义，提高证券投资的技巧，掌握克服不良投资心理的方法，了解证券组合投资的方法

能力目标

- □ 形成能够理性投资的能力，培养正确的心理素质，形成对证券投资方法的基本能力，形成证券投资时机的发现和鉴别能力

任务一 制定正确的投资策略

任务导入

沃伦·巴菲特说过：“获得令人满意的投资回报并不需要你成为一名专家。但如果你不是的话，你必须认清自己的局限并遵循一套可行的方法。”这里所谓“一套可行的方法”指的就是投资人必须有适合于自己的一套投资策略，包括认清投资要素、遵循投资原则和总结投资方法。

知识准备

一、证券投资要素及投资原则

（一）证券投资要素

1. 资金安全性。这里的安全性包含两层含义：

（1）风险与收益的对称程度。在证券市场上各种证券的风险和收益有四种组合，即高风险高收益、低风险低收益、高风险低收益和低风险高收益。其中，前两种是正常的对称关系，后两种则是特殊的非常搭配。高风险低收益是最不可取的选择，而低风险高收益显然是最理想的选择对象。

（2）风险性与投资者的适合程度。在证券市场上，不同的投资者由于其财力、能力的不同，风险承担能力也不一样。这就要求投资者基于对自身情况的充分了解选择风险适度的证券。财力微薄、初涉市场的投资者不能期望获得巨额的收益而选择高风险证券；同样，资金丰厚、富于经验的投资者选择低风险证券进行投资显然过于保守，风险较大但收益可观的证券经常是他们选择的对象。

2. 收益稳定性。对投资者来说，稳定的利息和股息收入是投资证券最可靠的收益。所投资的公司能定期分配利息和股息，投资者就可得到稳定的收入。因此，投资时慎重考虑投资对象对以后的收益稳定具有重要意义。一般来说，收益性应当考虑几个因素：

（1）收益率。证券投资的收益率是指投资收益占投入本金的比率，在风险程度相当的情况下，收益率越高越好，是投资者应该选择的投资对象。

（2）股票价格。考虑这一因素主要是看证券发行公司已上市债券和股票的价格变动情况。

（3）手续费。投资者委托经纪人购买证券需要支付一定的佣金，佣金的比率在有些国家是由政府或证券行业协会确定的，有些国家是自由的，这也要求投资者合理安排，降低投资成本。

（4）税金。在证券市场上，各种证券的发行人不同，政府所规定的税率标准也不一样。由于税金是构成投资成本的重要内容。因此，它也是投资选择中所要考虑的重要因素。

3. 证券流动性。证券的流动性是指证券的变现能力。在没有二级市场的情况下，证券的流动性取决于证券的偿还期限，期限越短，流动性越强。

4. 证券的便利性。证券投资的便利性是购买证券所需要的时间、交割的期限、认购手续是否迅速方便、是否符合投资者的偏好等等。一般说来，证券投资的便利性与证券市场的发达程度是相对应的。在国际证券投资中，投资者往往需要考虑这一因素。

应该指出，在证券市场上，某种证券同时具备所有有利因素是不多见的，这就要求投资者权衡利弊得失，果敢地做出抉择。

（二）证券投资原则

为了进行有效的证券投资，将投资风险减少到最低程度，投资者一般应当遵循以下原则：

1. 效益与风险最佳组合原则。在进行证券投资时，如何妥善地处理好收益与风险的矛盾至关重要，一般来说，解决这一矛盾的方法只有两种选择：一是在风险已定的条件下，尽可能地使投资收益最大；二是在收益已定的条件下，力争使风险降低到最小程度。这是证券投资的一条最基本原则，它要求投资者首先必须明确自己的目标，恰当地把握自己的投资能力，从而不断培养自己驾驭风险的能力，从心理上确立自己的出发点和应付各种情况的基本素质。

投资箴言

当有人向你保证能获得短期暴利时，立即说“不”。

——沃伦·巴菲特

2. 量力投资原则。量力投资包括两层含义：

（1）就广大个人投资者而言，能够从事证券投资的资金只能是家庭或个人全部货币收入中扣除必要消费的剩余部分。“量力而行”原则就是投资者要在投资前衡量个人的财力，即衡量是否有足够的闲置资金进行证券投资。

（2）证券资产是一种风险性资产，证券投资是具有一定风险的投资行为。所以，投资者在做投资决策前，必须衡量自己承担风险的能力，绝对不能只想赢利的一面，而应对损失的可能性做充分的估计和必要的准备。

3. 理智投资原则。理智投资是建立在对证券的客观认识基础上并经分析比较后采取行动具有客观性、周密性和可控性等特点。理智投资强调独立思考、自主判断、稳妥决策，但这并非优柔寡断；相反，当投资者对行情做了客观的分析和科学的预测，就应抓住适当时机，选择恰当的证券，果断地做出投资决策，并据以采取行动。这样，投资才可能获得成功，此所谓有勇有谋。

4. 分散投资原则。分散投资原则也称“投资组合”原则，是依据不同证券的获利与风险程度，加之适当的选择，并按不同比例，合理搭配，投资于若干种不同风险程度的证券，建立理想的资产组合，从而将投资风险降低到最小限度的方法。此原则将在第三节详细阐述。

资料传真

投资大师巴菲特的投资原则

选股原则：寻找超级明星企业。这个原则好理解，俗语说：擒贼先擒王。

估值原则：长期现金流量折现。这话实在是太专业，我冒昧地解释一下，就是要先算好企业的内在价值。

市场原则：市场是仆人而非向导。实际上也是我们常说的，要做市场的主人，要做到自己心里有数。巴菲特专门强调：要在别人贪婪时恐惧，在别人恐惧时贪婪。这是需要长时间修炼的。

买价原则：安全边际是成功的基石。安全边际又是个专业术语，他认为“安全边际”是价值投资的核心，实际上是要我们在价格低于价值到一定幅度的时候来进行投资。这和估值原则是紧密联系在一起的，不过判断出企业的内在价值是需要专业知识和技能的。

组合原则：集中投资于少数股票。到底是集中还是分散，现在也没有定论，不过巴菲特的一句话还是有些道理，他对于集中和分散的评价是：如果你有40个妻子，你不会对任何一个有清楚的了解。我想，股票也是这样吧？

持有原则：长期持有优秀企业的股票。巴菲特说：我最喜欢持有一只股票的时间是：永远。这句话虽然有情绪渲染的成分，但是却充分表现出了巴菲特在投资时的耐力和定力。

（资料来源：《巴菲特股票投资策略》。）

二、常见投资方法

成功地进行证券投资，除了了解一般的投资策略外，还需掌握一些成功有效、随机应变的投资方法。投资者在证券市场上为了规避风险，获取收益，总结出了一些经验，形成了带有一些专业性的投资技巧。本节对几种方法做一扼要介绍。

（一）摊平投资法

投资者在买进股票后，如遇股市行情急剧下跌，便会在价格上遭受亏损，但在未卖出了结之前，还没有完全失败，只要经济发展前景仍有希望，耐心地持股等待，总会有扳回成本的时期，甚至还有可能扭亏为盈。如果投资者希望早日收回成本或赚取利润，就可运用摊平投资法。摊平投资法就是指在投资者买进股票后，由于股价下跌，手中持股形成亏损状态，当股价再跌一段以后，投资者再低价加码买进一些以冲低成本的投资方法。摊平投资法主要有两种方式：

1. 逐次等数买进摊平法。当第一次买进股票后便被分档套牢，等股价下跌至一定程度后，分次买进与第一次数额相等的股票。使用这种方法，在第一次投资时，必须严格控制，只能投入全部资金的一部分，以便留存剩余资金做以后的等数摊平之用。如果投资者准备分三次来购买摊平，则第一次买入1/3，第二次和第三次再各买进1/3。采用这种方法，可能遇到股市行情变化及获利的机会有几种情况：

（1）第一次买进后行情下跌，第二次买进同等数量的股票后，行情仍下跌，就再作同等数量的股票第三次买进，这以后，如果行情回到第一次买进的价位，即可获利。

（2）买进第一次、第二次、第三次之后，行情继续下跌，不过行情不可能永远只跌不涨，只要行情有机会回到第二次的买价位，就可保本，略超过第二次买进价位便可获利。

2. 倍数买进摊平法。这一方式是在第一次买进后，如果行情下跌，则第二次再买进第一次数倍的股票，以便摊平。倍数买进摊平可以做两次或三次，分别称为两次加倍买时摊平和三次加倍买时摊平。

两次加倍摊平，即投资者把资金做好安排，在第一次买进后，如遇股价下跌，则用第一次数倍的资金作第二次买进，即第一次买进1/3，第二次买进2/3。如原来投资者以每股10元的价格买进1000股，当其价格跌至6元时，再进2000股（即为原来股票的2倍），则其平均成本就降为每股7.34元，将来股份回开超过7.34元以后，即可获利。三次加倍买进摊平的操作方法是指在第一次买进后，遇股价下跌，第二次买进第一次倍数的股票，第三次再买进第二次倍数的股票，即三次买入股票金额的分布是：第一次1/7，二次2/7，第三次4/7。采用三次加倍摊平法，如果在第二次买进时就回升，则只要从第二次买进的价值回升1/3即可全部保本。如果行情到第三次买进后回升，则回升到超过第三次买进价格时即可获利。

（二）分段交易法

分段交易法包括分段买进法和分段获利法：

1. 分段买进法。许多投资者采取谨慎小心的策略，他们不是将手中拥有的资金一次性投入购买某种股票组合，而是将所有资金分成若干部分，多次分段买进股票，这就是所谓的分段买进法。具体有两种做法：

（1）当股价在某一价格水平时买进一批，然后等股价上涨一小段后再买进第二批，以后依次再陆续买进若干批次，这种分段买进法叫做“买平均高”。

（2）与前一种情况相反，在某一股价水平上买进一批，待股价下降一小段后再买进一批，以后再陆续买进若干批次，这种分段买进法叫做“买平均低”。这两种做法的区别是买平均高可以在投入资金时就可同时获得利润，而买平均低则是在价格下跌时先购进，需要等到该股票价格反弹后，方能获得利润。

2. 分段获利法。对于稳健保守的投资者来说，可以采用这一方法。所谓分段获利法就是当所购买的股票创下新的高价行情时，便将部分股票卖掉，及时赚取相应的价差，再将剩下的股票保留下来，一旦买价呈现疲软时，即使股价下跌，也可以安心持有，因为已有赚得的部分差价，不至于赔得很多。有时不少投资者发现所持股票的市场价格上涨时，便急不可待地倾囊抛售，这种做法可能会赚钱很多，但如果估计失误，价位继续上升，就会失去赚更多钱的机会。相比之下，分段分次抛售股票虽然会因价格下落而减少所得利润，但比一次买卖要稳妥，而且，如果股价居高不下时还有可能提高利润率。

（三）保本投资法

在经济景气不明显，股价走势脱节，行情变化难以捉摸时，投资者可采用保本投资法来避免自己的本金遭受损失。采用保本投资法时，投资者应先估计自己的“本”，即投资者心目中在最坏情况下不愿被损失的金额，也即处于停止损失点的资金额。保本投资的关键在于做出卖出决策。在制订出售股票的决策时，首先要定出“本”，要做好充分的亏损打算。其次是要确定卖出点，即所谓停止损失点。确定获利卖出点是针对行情上涨所采取的保本投资策略。获利卖出点是指股票投资者在获得一定数额的投资利润时，决定卖出的那一点。这里的卖出，不一定是将所有持股全部抛出，而是卖出其欲保的“本”的那一部分。

知识问答

小明提问：保本投资法如何操作呢？

某投资者在开始投资时以每股50元的价格买进某种股票100股，这时的投资c总额就是5000元，如果该投资者将其所要保的“本”定为总投资额的50%即2500元，那么，在行情上升的市场上，当价格上升到使其所持有股票的总值达到投资额加上其所要保的“本”，即达到获利卖出点7500元时，单位股价是每股75元，这时，该投资者就可卖出一部分持股，只要能保证原来的“本”即2500元，这部分股数为2500/75＝100/3股，即可卖出原有持股的1/3。保本之后的持股量为余下的2/3，即100×2/3股，股价总值为100×2/3×75＝5000元。就是说，保本后持股数量虽然减少了，但其所持股票的价值仍与其最初投资总金额一样。实际上，投资者可将其所收回的“本”2500元视为投资利润。

在第一次保本以后，投资者还可以再确定要保的第二次“本”，其比例可以按第一次保本的比例来定，也可以按另一个比例来定，一般说来第二次保本比例可定低一些，等到价格上升到获利卖出点时，再卖出一部分，行情如果持续上升，可持续地卖出获利，以此类推，可以做多次获利卖出。停止损失点是当行情下跌到投资者心中的“本”时，立即卖出，以保住其最起码的“本”的那一点。简言之，就是投资者在行情下跌到一定比例的时候，全部卖出所有持股，以免蒙受过多损失的做法。停止损失点是指当股价下降到持股总值仅等于投资总额减去要保的“本”时的那一点，假定上例中股价不是上升而是下降了，此时的停止损失点就是（5000－2500）/100＝25（元），这时若把全部持股卖出，正好保住要保的“本”，即：100×25＝2500元。

（四）投资三分法

稳健的投资者在对其资金进行投资安排时，最常用的方法是“投资三分法”。这种方法是将其资金分为三个部分：

第一部分：资金存于银行，等待更好的投资机会出现或者用来弥补投资的损失。

第二部分：资金用于购买股票、债券等有价证券作长期投资，其中1/3用来购买安全性较高的债券或优先股，1/3购买有发展前景的成长性股票，1/3购买普通股，用以差价获利。

第三部分：资金购置房屋、土地等不动产。投资三分法是投资组合原理的具体运用。

知识拓展

如何制定自己的个人投资策略

一是正确处理好证券投资与日常生活的关系。因为对从事个人证券的大多数人来说，均是依据工薪收入来维持日常家庭生计开支的，结余资金并不充裕。这就要求个人投资者在从事证券投资时，应首先安排和保证家庭生活所必需的开支，再将结余资金投资于证券，切不能因做出不恰当的投资决策而影响家庭正常的生活支出。

二是合理地筹措资金来源。用于证券投资的资金，一般情况下主要利用家庭的结余资金；如果支用暂时闲置留待未来有特定用途的资金时，则应考虑投资于风险相对较小的证券，如国库券、公司债券等。切莫负债投资，除非所投资的证券限期较短、可靠性极强、且收益较好。

三要合理确定投资证券的期限。一般讲，投资期限越长，收益也越高，但风险也愈大，这时，则应以投资者本人可支配资金期限为投资依据，以防止资金周转困难。

四是尽量投资于变现能力强的证券。这样，在投资者需要现金时，或者需要调整投资证券的种类时，能够及时“脱手”变现。为此，投资才在选择投资证券时，应优先考虑投资于上市证券，因为上市证券的流通性与变现性最强，但其收益率可能较非上市证券相对低些。这就需根据投资者的客观情况进行选择了。

五要权衡证券投资收益与风险的利弊得失，特别要分析自身对风险的承受能力，做好承担风险的心理准备和物质准备，然后再付诸投资。

任务二 克服不良的投资心理

任务导入

投资是一种有意识的经济行为。投资行为受人们心理意识的调节控制，诸如投资决策动机、投资收益与预期、投资风险规避等问题，其实质就是人们的心理活动在投资中的具体表现。在证券投资市场资金的时间价值表现为对于投资时机的判断和选择，投资具有风险性，投资期越长投资市场中的不确定因素就越多。因此，证券个体投资者必须具备足够的投资知识、风险意识以及良好的心理素质。良好的心理素质是投资者成功的最根本素质。

知识准备

一、证券投资者投资心理误区的集中表现——认识偏差

证券投资者的判断与决策过程不由自主地受认知过程、情绪过程、意志过程等各种心理因素的影响，以致陷入认知陷阱，如跟庄、推崇股评、高换手率、市场非有效性等，投资者的认知与行为偏差大致有以下几种类型：

（一）过度自信的认知偏差

人们往往过度相信自己的判断能力，高估自己成功的机会，把成功归功于自己的能力而低估运气和机会在其中的作用，这种认知偏差称为“过度自信”。过度自信是投资者典型而普遍存在的认知偏差。过度自信在牛市的顶峰达到它的最高点，而在熊市的底端达到最低点。过度自信的投资者会过度依赖自己收集到的信息而轻视公司会计报表的信息，注重那些增强自信心的信息而忽视伤害自信的信息。

美国前总统约翰逊的过度自信造成了美国20世纪60年代陷入了越南战争的泥潭，尼克·里森的过度自信造成了百年巴林银行的倒闭。可以说过度自信倾向是人类理性决策的最大敌人，这一倾向还容易使人们产生控制错觉，就如赌徒，一旦赢了就归因于自己的赌技与预见力，一旦输了就认为“差一点就成了，或偶然倒霉”。而从理性角度来看，进行赌博与购买彩票从概率上来说是一场必输的游戏，然而还是有无数赌徒与彩民由于控制错觉而沉迷于此。

知识拓展

真正摆脱过度自信倾向，超越自己是非常不容易的事。绝大多数的股票投资人都坚信自己能够判断出大盘的涨跌趋势，并通过“逢低买入与逢高卖出”来获取收益，自己的收益将远远超出大盘指数的涨幅。然而具有讽刺意味的是，据统计90%的投资者（包括机构投资者）投资收益落后于大盘指数的增长，尽管这一统计数据是如此明显的证据，人们还是相信自己有能力成为那部分10%的投资者，而拒绝接受傻瓜似的股指基金组合，认为这是对自我智力的羞辱。

在证券市场中的过度自信是危险的。某些证券投资者不愿意卖出已经发生亏损的股票，卖出等于承认自己决策失误并伤害自己的自信心，他们每天总是给别人讲解股票的各种“知识”，指导别人买卖操作。在大盘趋势向好的时候，每天总是眉飞色舞讲解技术指标、应用技巧等，非常看好后势，讲解大盘会上升到多少多少点位；在大盘趋势向下跌没有进入底部区域之前，他们总是很乐观总是认为经过适当的调整大盘还会上涨；在大盘进入了真正的底部区域时，由于受到市场的心理暗示，就不断地解释下跌的理由，极其看好后势，会告诉周围的人大盘会下跌到某个点位；如果他是一个虚荣心很强的人，他会讲他如何买了那只股票，现在如何盈利。实际上这类人对股票的感觉和判断完全是市场心理策划的场效应对他作用的结果，这类人的股票投资往往是失败的。

（二）信息反应的认知偏差

有些投资者对信息存在“过度反应”和“反应不足”两种现象。如果近期的收益朝相反的转变，投资者会错误地相信公司是处于均值回归状态，并且会对近期的消息反应不足；如果投资者得到收益增长的信息，会认为公司正趋于一种增长状态，并且过度地导致过度反应的推理趋势，这些投资者在市场上升时变得过于乐观，而在市场下降时变得过于悲观。

对个人的信息过度反映和对公共信息的反映不足都会导致股票回报的短期持续性和长期

反转。他们心理模型的特点是有时恐惧、有时兴奋、有时觉得自己很专家，他们的思维和行为主要是被市场的策划者所控制。在股票市场的头部区域进场，买入后持股不动，在市场完成从头部进入底部的下跌趋势中总是心存侥幸，期待反弹随时开始，并在市场没有真正进入底部时误认为是底部而把手中有限的资金提前用光。当在市场进入真正的底部区域时，他们灰心丧气，做出卖出股票赔钱的离场操作，或想做买入操作，但是手中已经没有了资金。这种心理模型的人是股票市场策划者最需要的。

过度敏感效应是指人们在心理上倾向于高估与夸大刚刚发生的事件的影响因素，而低估影响整体系统的其他因素的作用，从而做出错误判断，并对此做出过度的行为反应。敏感能使人们及时发现异常现象并加快对此的反应速度，但也会加大反应的幅度，使反应过分。

经典案例

以美国“9·11”事件为例，“9·11”事件后，恐怖分子劫持飞机撞毁纽约世贸双塔的情景极大刺激了美国公众的神经，于是人们大大高估了航空旅行的危险性，倾向于选择其他旅行方式，美国航空业随之进入大萧条期。然而，数据统计显示，即使考虑到“9·11”事件的航空灾难，航空旅行也是所有旅行方式中最安全的，其事故率是火车旅行的1/3。过度敏感效应在股票市场投资中反映得淋漓尽致，在股市上涨时，人们往往过分乐观，倾向于相信大牛市是永无尽头的，于是过分推高了股价；而股市下跌时，人们往往过分悲观，倾向于相信大熊市是不可避免的，于是过分打压了股票的价格。巴菲特认为正是人们的非理性行为使得股价围绕其价值进行过分的波动，为投资带来机会。他认为好的投资者应当利用这一现象，在别人贪婪时恐惧（1969 年当巴菲特发现股票市场中人们已经陷入疯狂时，果断抛售了所有股票，并解散了投资基金），在别人恐惧时贪婪（在 1973、1974 年美国股市大幅下跌进入熊市后，巴菲特又逢低分批建仓成功抄底）。巴菲特认为，“股票市场下跌在某种情况下不是坏事，投资机会正是从投资退潮中显露出来。”

（资料来源：767 股票学习网。）

（三）损失厌恶的认知偏差

人们在面对收益和损失的决策时表现出不对称性，人们并非厌恶风险，而是厌恶损失。损失厌恶是指人们面对同样数量的收益和损失时，感到损失令他们产生更大的情绪影响。

损失比盈利显得更让人难以忍受，很多投资者偏爱维持原状，在股票投资中长期收益可能会周期性地被短期损失所打断。短期的投资者把股票市场视同赌场，过分强调潜在的短期损失，在做出错误的决策时常感到后悔，而为了避免后悔又常常做出不理性行为，比如死守赔钱的股票以拖延时间，以免面对自己的错误，不愿把损失兑现，害怕兑现损失就持有亏损股过长的时间。实际上股票市场随着策划者的建立和制造的市场利空或利好的心理暗示的场效应而涌动，有时很平静，有时汹涌澎湃。当大多数的被动投资者心态都变成了兴奋型的时候，市场就已经进入了头部区域；反过来当他们的心态都变成了恐惧型的时候，市场已经到了底部区域。巨大和强烈的股市心理场效应迷漫着整个股票市场，策划者就是通过调整股市心理暗示的场效应强度来控制和操纵被动投资者的思维和行为，就像电磁场一样场里面一个电荷的运动只能由场来决定。

（四）羊群行为的认知偏差

证券市场中的“羊群行为”是一种非理性行为，它是指投资者在信息环境不确定的情况下，行为受到其他投资者的影响，模仿他人决策或者过度依赖舆论而不考虑自己信息的行为。

由于市场上存在羊群行为，许多机构投资者将在同一时间买卖相同股票，买卖压力将超过市场所能提供的流动性，从而导致报价的不连续性和大幅度波动，破坏市场的稳定运行。股票指数的波动、股票的涨跌以及市场消息构成股票市场的一种氛围，股市策划者通过调节这种心理暗示来达到股市策划者想要的投资者心态。这种氛围笼罩着整个股票市场，走进市场也就走进了这种氛围里，股市策划者掌控和调整这种氛围，使投资者的心理产生有利于策划者的反应。

由此可见，投资过程反映了投资者的心理过程，由于认知偏差、情绪偏差最终会导致不同资产的定价偏差，这一偏差反过来影响投资者对这种资产的认识与判断，这一过程就是“反馈机制”。这种反馈机制是形成整个股市中牛市和熊市的因素之一。

资料传真

巴菲特的老师格雷厄姆曾经教导他要从股市的情感漩涡中拔出来，要发现大多数投资者的不理智行为，他们购买股票不是基于逻辑，而是基于情感。如果你在正确的判断基础上获得符合逻辑的结论，那么不要因别人与你的意见不一致而放弃，“你的正确或错误都不会是因为别人和你不一致，你之所以正确是因为你的数据与逻辑推理正确。”巴菲特遵循了老师的教导，他不仅在投资决策中坚持独立思考，还在被投资公司中重用抵制行业惯性的经营者，并将抵制行业惯性作为他所归纳的12条最重要的投资准则之一。在对Notre Dame商学院的学生发表演讲时，他归纳了37家投资银行的失败原因：“他们为什么有这样的结局呢？我来告诉你们，那就是愚蠢的模仿同行的行为。”

（资料来源：767股票学习网。）

二、证券投资者心理误区克服的关键——调适、塑造

在投资市场上真正的敌人是自己，要战胜自己就必须不断地培养和锻炼自己的心理素质：培养独立的判断力，磨练自己的耐心，具备良好的期望心理，思路敏捷，性格坚毅。对待投资成功与失败的正确态度应该是冷静分析、总结经验，恰如其分地归因以利再战。

（一）克服贪婪和狂热

投资者一旦被过度的贪婪所控制，手里有钱就要买，他们不但是自己买，还总是劝别人也买，买股票的消息来源看报纸、听股评、听周围的人推荐股票，或自己根据类比法选股票。这类人在大市趋势向上的时候是赢利的，随着行情的进展，他们的赢利越来越少，如果

遇到股票头部模型是横向振荡这样的股票，一旦策划者出净手中的筹码，几根长阴线将使这类人出现亏损。在大盘趋势向下的时候，这类人只要有钱，就还是买卖。

由于市场是由投资者组成的，情绪比理性更为强烈，贪婪和惧怕常使股价在公司的实质价值附近震荡起伏。购买股票时不仅需要具备某些会计上和数学上的技巧，更需要投资者控制自己的情绪波动，以理智来衡量一切，独立思考不受情绪干扰。对国家宏观经济有一个清晰的认识，善于捕捉各种细微的动态变化和各种信息，克服投资的贪婪和狂热。投资应具有客观性、周密性和可控性等特点，在股票投资中绝对不能感情用事，投资者既需要了解股票投资的知识和经验，更需要具有理智和耐心，善于控制自己的情绪，不要过多地受各种信息的影响，应在对各种资料、行情走势的客观认识的基础上，经过细心比较、研究再决定投资对象入市操作，这样既可避开许多不必要的风险，少做一些错误决策，又能增加投资获利机会。

资料传真

巴菲特很注意自己的投资范围。他提出的“能力圈”概念一直受到投资者广泛关注。最初他是这么说的：“投资人真正需要具备的是对所选择的企业进行正确评估的能力，请特别注意‘所选择’（selected）这个词，你并不需要成为一个通晓每一家或者许多家公司的专家，你只需要能够评估在你能力圈范围之内的几家公司就足够了。能力圈范围的大小并不重要，重要的是你要很清楚自己的能力圈范围。”

巴菲特的投资行为也很好地遵守了这一原则，比如1998年他关于不投资科技股的表述就反映了这种想法，尽管一段时间收益不佳，但也逃过了之后科网泡沫。

（资料来源：767股票学习网。）

（二）勇于承认错误，树立信心

投资者不可能每一个预测和决策都很正确。每一个投资者都应该承认市场中总有事情是自己所不了解的，每一个成功的投资者都是谦虚、勇于承认自己错误的人，信心是投资成功的一个起码的条件。投资的自信来自于他的学识，而不是主观期望。作为证券投资者，必须潜心研究投资理论，不断扩展自己的学识，把别人的经验借来加以创新融入自己的想法。不为自己的投资失误辩解，而是把每一次失误记录下来，以便下次不犯。每位投资者盘算股票之前，应该对股市做出某些决策性的判断，判断是稳定股票投资的信心，如果犹豫不决，缺乏信心，必将成为股市的牺牲品。投资者投身于股市，要树立信心，还需要耐心，如无耐心，后悔、失望、沮丧、冲动等不良情绪就会产生，这样失败的机会非常高。投资者必须考虑投资工具的流通性、收益性、成长性。收益性的高低也要依投资者自身的财经需求和其他情况来定。由于成长性与风险相连，投资者还必须考虑自己承担风险的能力。投资者的投资理念和操作方法最好与自己的价值体现以及性情相一致，以避免与自己的人格特征冲突。投资者的信心和耐心是千百次成功得失中修炼出来的，也是理性判断和实践经验的结果。

（三）培养独立的判断力、自制力

对于理性投资，精神态度比技巧更重要。每位投资者的潜意识和性格里存在着一种投机的冲动，而投资者必须具备耐心和自我决断力，不应盲从他人建议，而应有自己的判断力。

我们应当反对将成功投资者的成功归因于运气，投资者不要被周围环境所左右，要有自己的分析与判断，绝不可人云亦云、随波逐流。投资一定要自己判断、研究行情，不要因为未证实的流言而改变决心。可买时买，须止时止。投资者的自信应建立在一定的投资交易经验和个人能力基础之上，否则投资者没有根据地做出判断、决策、并且固执己见，那么意味着蛮干，并不是有自信心的表现。投资者必须有自制力。自制力是指能够自觉、灵活地控制自己的情绪约束自己的行为和言语的意志品质。自制力体现着意志的抑制能力，能够控制自己的恐惧、懒惰、害羞等消极情绪和冲动言行。

（四）培养坚毅的性格和自我管理能力

要成为成功的投资者，除了要知道投资既能让人赚钱也能让人蚀本的道理，还要明确并不是所有人都能直接从事投资这一行当。一个成功的投资家需要取决于他是否有足够的精力花在股市分析和技术的提高上，以及是否具备坚强的性格。投资者在投资时，一定要执着专一、坚守自己的准则，将自己正在进行的投资活动作为意识对象，不断地对其进行实际控制，包括制定投资计划的能力、实际控制的能力、检查结果的能力、合理归因的能力、采取补救措施的能力。切实认识到股票不是储蓄，不仅需要财力，还需要智力和精力。股市既存在收益，也存在风险，高收益与高风险成正比，如何趋利避害、顺势而为是一门科学。投资者应该克服追涨时只听利多、赶跌时只听利空的偏执心理，增强对经济环境、股市行情的综合分析和判断能力，不断提高自己的鉴别能力，培养坚毅的性格，消除紧张、稳定情绪，能对股市进行全面分析，把握股市整体走势，认清当前的股市形势，预测可能产生的不良因素，对具体情况进行系统分析。这样的一个既符合股市规律又有利于投资者自身的合理的心理，才能确保预测准确、投资成功。

投资箴言

在市场中获得成功没有什么秘诀。对于成功的投资者来说，有个显著的投资态度，也就是说在关键时刻会相当仔细地进行研究，甚至可以说是在显微镜底下进行研究。

——约翰特里思《金钱的主人》

任务三
把握证券组合投资方法

任务导入

在面对不可预知的金融投资风险时，建立组合投资计划具有非常重要的意义。组合投资不仅不会损害你的收益。相反，它通过减少“可分散风险”间接地提高了预期收益，而且如果你建立起长期的组合投资计划，你就能把握住资本市场突然出现的黄金投资时机，而赢得最终的胜利。还犹豫什么，从现在开始，重新配置一下你手中的资产吧，并寻找资产长期增值之路。

知识准备

投资分散可以避免或减少风险，大家所形成的共识是：“不要把所有的鸡蛋都装在一个篮子里”。但是，在把鸡蛋分装在不同的“篮子”里时，还有一个策略问题，并不是随意地装，就能分散投资风险。原因就在于证券之间可能存在着相关关系。必须对证券之间的相关关系进行分析以后，才能做出正确的证券组合选择，从而达到分散投资风险的目的。

组合投资一般包括两方面内容：

其一，是指投资于多种证券。如果仅对一种证券投资，如只购买一家公司的股票，一旦该公司经营不善甚至倒闭，就不仅得不到股息，还会蚀本。显然，这种投资方法不可取。如果对多种股票或几家公司同时投资，即使其中一种或数种股票得不到股利分派，但其他股票并不一定也无收益分派，如果其他股份公司的收益较好，还可以得到一定程度的补偿，而不至亏损。

其二，是指进行多种证券投资时，应注意投资方向，进行合理的投资组合。证券投向的合理组合，可以分为证券品种的合理组合、时间地点的合理组合、风险等级和获利大小的合理组合以及期限合理组合。

资料传真

以组合的投资对象为标准，世界上美国的种类比较“齐全”。在美国，证券组合可以分为收入型、增长型、混合型（收入型和增长型进行混合）、货币市场型、国际型及指数化型、避税型等。比较重要的是前面3种。收入型证券组合追求基本收益（即利息、股息收益）的最大化。能够带来基本收益的证券有：附息债券、优先股及一些避税债券。

增长型证券组合以资本升值（即未来价格上升带来的价差收益）为目标。增长型组合往往选择相对于市场而言属于低风险高收益，或收益与风险成正比的证券。符合增长型证券组合标准的证券一般具有以下特征：①收入和股息稳步增长；②收入增长率非常稳定；③低派息；④高预期收益；⑤总收益高，风险低。此外，还需对企业做深入细致的分析，如产品需求、竞争对手的情况、经营特点、公司管理状况等。

收入和增长混合型证券组合试图在基本收入与资本增长之间达到某种均衡，因此也称为均衡组合。二者的均衡可以通过两种组合方式获得：一种是使组合中的收入型证券和增长型证券达到均衡；另一种是直接选择那些既能带来收益，又具有增长潜力的证券。货币市场型证券组合是由各种货币市场工具构成的，如国库券、高信用等级的商业票据等，安全性极强。国际型证券组合投资于海外不同国家，是组合管理的时代潮流，实证研究结果表明，这种证券组合的业绩总体上强于只在本土投资的组合。指数化证券组合模拟某种市场指数，以求获得市场平均的收益水平。避税型证券组合通常投资于市政债券，这种债券免联邦税，也常常免州税和地方税。

（资料来源：MBA 智库百科。）

一、证券品种合理组合

通常将证券投资分为进攻性投资与防御性投资两部分。前者通常是股票，后者则是指债券。因为通常股票投资利高且风险较大，债券投资则利低且风险小，相对说来，债券的风险比股票的风险要小得多，其投资安全性也相对好得多。将资金一分为二，并在股票及债券投资中进行合理选择搭配，这样，即使一种证券投资失利，还有其他证券盈利；即使股票投资失利，还有债券部分，从而不至于全盘皆输，无反手之力。在证券投资中，有种叫做最佳证券投资理论，就是指选择一组满足一系列假定条件的投资组合，这种投资组合能够在既定风险条件下实现最大的利润。其原则就是将收益既定的证券，经组合后，使其风险减少到最低程度，能够实现这种组合，就是最佳证券组合。当然，证券市场上的风险千变万化，投资组合的形式多种多样，并且随着市场情况的变化，组合也必须不断地调整。

二、不同企业以及不同时间、地点的分散组合投资

这里包括以下几方面：

第一，企业种类的分散。不宜集中购买同一行业企业的股票和债券，以免遇上行业性不景气，投资者无法逃脱重大损失。

第二，企业单位的分散。也不宜把全部资金集中购买某一个企业的证券，即使该企业业绩很好也是如此。

第三，投资时间上的分散。投资股票前应先了解派息时间，按照惯例，派息前股价都会升高，即使某种股票因利率、物价等变动而一时遭受系统风险，还可以期待到另一种股票派息时获利。

第四，投资区域分散。企业会受地区市场、法律、政策乃至自然条件等诸方面因素的影响，分区域投资，所谓“东方不亮西方亮”，同样可以收到分散风险之效。

三、按风险等级和获利大小的组合投资

虽说投资风险变化莫测，但现代证券理论越来越倾向于对风险进行定量分析，即在可能的条件下将证券风险计算出来。

例如，计算本利比便可推算不同证券不同的风险等级。本利比越低，风险等级越低，投资风险越小。本利比越大，风险等级也越高，投资风险越大。另一方面，报酬率（收益率）也可加以测算，投资债券可以很容易按公式计算出年收益率，投资股票也可以根据公司的财务报表及股价变动记录，预测每年报酬率。最理想的组合形式，就是投资者在测定自己希望得到的投资报酬和所能承担的投资风险之间，选择一个最佳组合。例如，投资者希望得到的投资报酬率为20%，那么，应在报酬为20%的上市的证券中，选择风险最小的品种；如果投资者能承担的风险为20%，那么应在那些同样风险等级的证券中，尽量选择投资报酬较高的品种。

四、长、中、短线的比例组合投资

长线投资是指买进股票以后不立即转售，准备长期持有以便享受优厚的股东收益，持有时间起码在半年以上，主要对象是目前财务良好又有发展前景的公司股票；中线投资是指数月内暂时不用的资金投放出去，投资对象是估计几个月内即能提供良好盈利的股票；短线投资指那些股价起伏甚大，几天内可能有大涨大落的股票。投资者应将资金分成较长期内不会动用以待获利，中期内不用以及随时可能动用的三部分，分别用于长线投资、中线投资和短线投资。

知识拓展

关于最佳证券组合的理论探讨

1. 证券收益的相关分析

证券收益之间的相互关系用相关系数 r 来表示。r 值在 -1 和 +1 之间，即 $-1 \leqslant r \leqslant +1$。根据不同的 r 值可以分为三种情况：正相关、负相关和不相关。我们以证券 A 和证券 B 来分析它们的收益相关问题。

（1）正相关。当 $0 \leqslant r[A, B] \leqslant +1$ 时，证券 A 与证券 B 是正相关。此时证券 A 的投资收益变化与证券 B 的收益变化是同方向的，也即：证券 A 的收益增加时，证券 B 的收益也会增加；证券 A 的收益减少时，证券 B 的收益也会减少。但是，证券 A 的收益增加（或减少）时，证券 B 的收益增加（或减少）的幅度是不确定的。

特别地，当 $r[A, B] = +1$ 时，证券 A 与证券 B 是完全正相关。此时证券 A 与证券 B 的投资收益是按同比例变化的。

（2）负相关。当 $-1 \leqslant r[A, B] < 0$ 时，证券 A 的收益与证券 B 的收益负相关。此时证券 A 的投资收益变化与证券 B 的收益变化是反方向的，也即：证券 A 的收益增加时，证券 B 的收益会减少；证券 A 的收益减少时，证券 B 的收益会增加。但是，证券 A 的收益增加（或减少）时，证券 B 的收益减少（或增加）的幅度是不确定的。

特别地，当 r [A, B] = -1 时，证券 A 与证券 B 是完全负相关。此时证券 A 和证券 B 的投资收益是按同比例变化的。

(3) 不相关。当 r [A, B] =0 时，证券 A 的收益与证券 B 的收益是不相关的，即证券 A 的收益变化不会对证券 B 的收益产生影响；同时，证券 B 收益的变化也不会对证券 A 的收益产生影响。

2. 证券相关性对证券投资风险的影响

在讨论证券的相关性对证券投资风险的影响时，为了方便起见，选用二种典型情况进行分析：

(1) 证券 A 与证券 B 完全正相关，即 r [A, B] = +1 时，此两证券组合的风险就等于两证券以投资比重为权数的风险加权平均数。这就表明，在这种情况下，投资分散化并不降低投资风险。

(2) 证券 A 与证券 B 完全负相关，即 r [A, B] = -1 时，此两证券组合的风险可以降到 0。这就表明，如果选择投资比重合适，投资分散化可以消除投资风险。

(3) 证券 A 与证券 B 不相关，即 r [A, B] =0 时，此两证券组合的风险可以适度下降。这就表明，投资分散化可以有效降低投资风险。

如果证券组合不是两种，而是更多种——假设 N 种，而且我们假设，这 N 种证券不相关，风险都为 10，投资权数相同。那么经过数学推导，可以发现：随着不相关的证券组合种数越多，组合证券的投资风险越低。

通过以上的分析，我们可以得出两点结论：其一是证券组合所构成的证券的相关程度越低，越能降低投资风险；其二是在证券组合中，选择不相关的证券种数越多，越能降低投资风险。

据此，我们就有了关于最佳证券组合的一般性策略：

(1) 选择相关程度较低的证券构成证券组合。

(2) 在精力许可的情况下，选择尽可能多的不相关或低相关程度的证券组成证券组合。

在实际操作中，有经验的投资者都是按此策略进行低风险的证券投资的。例如，美国互助金在证券投资时，一般选择 25 种以上的不同行业的股票构成证券组合，从长远观点看，投资效果很好。从我国目前的证券种类看，发行主体分散，而且层次不一。在不同行业的证券一般说是不相关或相关程度较低的，甚至有些证券是负相关的。投资者可以参照美国互助金的投资证券组合方法进行投资。

投资箴言

非专业人士的目标不应该是挑选到最牛的股票，而是应该投资跨行业的投资组合，这些股票合起来就能够获得高收益。低成本的标普500指数基金就能够达到这个目标。

——沃伦·巴菲特

任务四
提高证券投资的技巧

任务导入

世界上唯一不变的是变化。正所谓“兵无常势，水无常形”。证券投资你至少要做好两手准备，一是不要轻易改变你认为对的操作方式；二是要关注这种方式是否符合市场主流运行趋势。如果答案否定，则要善于抓住影响这种变化的主要因素，利用变化之机顺势而为、果断更改，绝不要作茧自缚。这就需要我们不断提高证券投资技巧。

知识准备

在实际操作中，债券市场的变化比较平稳，容易运用分析做出决策。股票市场变化莫测，技巧的作用比较大。这里主要讨论股票的操作技巧。当然，在债券市场变化激烈时，也可参考这些技巧进行实际操作。

一、抓住时机

时机是阶段的含义，而不是时点的含义。股票市场的涨落是一个连续渐进的过程，一般说，股票价格上涨的过程就是买进的时机，股票价格下降的过程就是卖出的时机。在股价最高这一点时卖出，在股价最低这一点时买进，对具体的投资者来说，概率太小，几乎是不可能的。如何抓住时机，可从以下两个方面入手：

（一）观察时机

在证券市场上，时机随时存在，但是时机的出现不是随意的，是有其内在原因的，应从以下几个方面进行观察：

第一，空头市场与多头市场。在股市上，空头与多头市场总是交替出现。空头市场时，股市一片惨淡，大多数人处于悲观的情绪之中。此时正孕育着最佳的投资时机。政府可能为了使经济回升而采取调控措施，同时人们盼涨情绪浓厚，当股票刚一回升，便有人急于购进，经过几个回合，多头终于压过空头。在多头市场持续上升时，投资者一路跟进。此时股价已进入偏高状态，现金周转也开始出现困难。此时已是抛售股票的时机，股市又要转入空头市场。

第二，经济的周期性和政策的周期性。通过对美国经济危机的周期与股票市场波动相互关系的观察，我们发现股票市场通常是在经济衰退的中途达到最低点，这里就是投资的最佳时机。我国虽然没有像美国那样的周期性的经济危机，但我国近年来宏观经济政策也呈周期性变动。在国家宏观经济政策，特别是紧缩银根政策开始放松时，也是投资的好时机。

第三，突发重大事件。包括战争以及政治、经济等方面出乎人们意料事件的发生，一般会对股市产生强烈的冲击。

第四，波段理论。美国股市专家艾略特在研究美国道·琼斯工业平均股票指数时发现，股票的价格是按有规律的波浪的形式进行变动的。他于 1927 年提出波段理论。该理论比较适合于整体股价指数的分析，对股价变动趋势具有比较明确的预测功能。其目的就是揭示股市全部上升过程的波动规律，同时也为投资者提供了一种预测股市涨跌幅度及心理价位的计算方法。

投资箴言

等待催化因素的出现。市场走势时常会呈现长期的低迷不振。为了避免使资金陷入如一滩死水的市场中，你就应该等待能够改变市场走势的催化因素出现。

——詹姆斯·罗杰斯

（二）捕捉时机

能看到时机，并能抓住时机者是真正的赢家。投资者真正的工作是抓住时机，因此要考虑以下因素：

1. 买进的时机：经济领先指标（如基建投资）开始回升；通货膨胀减轻；经济预测相当悲观；银根松动，信贷规模扩大；股市价格收益已经达到或低于上次股市的最低点；股市平均股价接近上次最低点；新股票交易量很少；投资信托机构所持现金大增；股市自上次高峰已下跌几个月；最近的投资者是否大蚀老本；他人对股市投资是否都无兴趣；现有的投资组合的市场风险低于原有的水平。

如果以上的所有或大多数的回答是肯定的，则为买进时机。

2. 卖出的时机：经济领先指标（如基建投资）在下降；通货膨胀在加速；经济预测相当乐观；银根抽紧，信贷规模缩小；股市价格收益已经达到或超过上次股市的最高点；股市平均股价接近上次最高点；经常有新股票上市；股市自上次最低点已上涨几个月；最近投资者在股市大赚了一笔；大家对股市投资都有兴趣；现有的投资组合的市场风险高于原有的水平。

如果以上的所有或大多数的回答是肯定的，则为卖出时机。

投资箴言

> 市场疯狂时卖出。这项原则说来容易，做起来却相当困难。要等待行情到达疯狂，分析市场行情是否涨得过高，在基本面确认后放空，确信自己的观点正确无误。然后坚持自己的空头操作。
>
> ——詹姆斯·罗杰斯

二、证券种类的选择

除了抓住时机外，还需要选择优良的证券种类。

（一）寻找绩优的公司

发行证券的公司的业绩良好，股票才有价值。了解公司可以通过两种渠道：一是通过证券商；二是通过公司的上市公告。一个公司是否有好的业绩或将来是否有好的业绩，可以通过以下几个方面了解：

1. 查阅公司的财务报告。
2. 了解公司的主导产品或服务。
3. 公司的管理制度与高级管理人员。

（二）股票的选择

收益好的股票有三种：实质股、成长股和热门股。出售价格低于真实价值的股票称为实质股；公司利润增长率连续高于平均水平增长的股票称为成长股；目前或不久的将来深受投资者欢迎的股票称为热门股。所谓的选择好股票，就是要在股票市场上寻找到这三种特性中的一种，具有两种以上特性的股票一般较难发现。

1. 实质股的发现。股票的价值可以用四种形态来表示：面值、市值、净值和真值。面值是股票发行时票面上规定的价值；市值是股票在交易市场上的价格；净值是上市公司财务账上所表现出来的股东权益；真值是利用折现公式计算出来的上市公司的获利能力或股利。实质股通过市值与净值或真值相比较而发现。

股票的净值＝股东权益总额÷股份总数＝（总资产－总负债）÷股份数额

如果市场上有股票市价比净值低，这一股票就可以视为实质股，就是选择的对象。这一选择实质股的方法叫净值法。在使用净值法选择实质股时，要注意两点：其一是注意公司采用的会计方法，检查其财务计算方法是否真实、合理；其二是从实质股的选择到实质股价值的实现需要一个过程，其等待的时间长短取决于股民对此实质股价位这一事实的认识。

投资箴言

> 因其价值而买。如果你是因为商品具有实际价值而买进，即使买进的时机不对，你也不致遭到重大损失。
>
> ——詹姆斯·罗杰斯

2. 成长股的选择。真正的成长股会给持股人带来非常可观的利润，所以很多人都希望选择成长股。成长股必须有持续成长的后劲，判断成长股不是一件容易的事情，可以从以下几个方面进行：

①公司管理水平。

①公司产品销售增长情况。

③国家宏观经济政策的影响。

④公司的自我控制能力。

⑤公司的原料供应的保证。

⑥公司的持续增长率。

进行成长股的选择时，还存在几个误区，需要引起投资者注意。

一是，高市盈率股不等于成长股。市盈率的高低与成长率高低并不一致。

二是，成长股并不排斥时机。在选择成长股以后，还要时刻注意股市的变化，以保证投资能获得最大的收益。

三是，历史的成功不等于未来的成功，现在成功的股票并不能保证未来也是成功的。

3. 捕捉热门股。对热门股的影响因素可以概括为三点：一是时间性，热门股一般都是主宰股市一段时间后，即为另一种热门股所替代；二是社会、经济因素；三是公司的预期利润。

捕捉热门股可以从以下四个方面着手：

第一，预测研究。在其他投资者认识到之前。预测到这一热门股，并果断购进，才能获得相当的报酬。这需要事先预测研究。

第二，树立变动观念。因为热门股总是在变动的，所以不要长期死抱着一种热门股不放，否则容易被套牢。

第三，注意投资者的想法。热门股之“热”，其实也是投资者“炒”起来的，所以投资者的想法就主宰着热门股的命运。只有摸清众多投资者的想法与“感情”，才能抓住热门股。

第四，技术分析。技术分析是判断股市形势的重要工具，借助它可以预知股市未来发展的情况，从而更好地捕捉热门股。

经典案例

张子露，被誉为台湾地区股市的“长青树”。1954 年，台湾地区刚刚出现了证券柜台交易市场和证券交易公司。时年 24 岁的张子露便正式踏入证券投资领域而成为台湾地区证券界一位最年轻的“老手”。由于他超人的才华、卓越的股市战绩以及独特的炒股风格，很快赢得了“长青树”的美誉。张子露在股市屡屡制胜的经验主要有以下几点：

一、用投资的方法进行投机。张氏无论买什么股票，都要预先进行慎重的分析和选择。他认为，选股票如选妻。他选股票有三条原则：其一，是股票的外表要漂亮，也就是股票所代表的公司外表形象要好，规模要大，生产秩序要井井有条；其二，股票的内在气质要好，即股票所属公司经营状态要好，而且要具备良好的市场发展前景；其三，股票的“身体”也要健康，即股票所代表的公司必须有健全的管理体制和经营体制。

二、不求赚多，只求赚稳。这是张氏几十年股市投资得出的实践经验。他认为，在买卖股票时，首要的是要保证获利，而赚多赚少则不应该放在第一重要的位置。

三、宁可少赚，不可摔跤。张氏认为股市上有赚不完的钱，机会多多，不能因为错过一次或几次赚钱的机会而后悔，更不能为了赚更多的钱而冒损兵折将的风险。如果为了赚更多的钱而在股市上摔跤，就可能损失惨重，甚至可能从此一蹶不振。所以在股市上，宁可少赚，不可摔跤。尽管张子露是在台湾地区股市上获得成功的佼佼者，但是他的投资经验对于我们大陆股市的投资者同样具有启迪意义。

（资料来源：百度百科。）

项目小结

本项目主要任务是理解投资策略的含义，提高证券投资的技巧，掌握克服不良投资心理的方法，了解证券组合投资的方法。

本项目重点任务是理解证券投资的基本原则，掌握常见投资方法，把握证券投资的时机。

项目作业

一、选择题

1. 证券投资的收益性应当考虑（　　）。

A. 股价　　B. 税金

C. β 系数　　D. 手续费

2. 分散组合投资包括（　　）。

A. 企业种类的分散　　B. 企业单位的分散

C. 销售时间上的分散　　D. 销售区域的分散

3. 认识偏差通常包括（　　）。

A. 过度自信　　B. 盈利偏好

C. 羊群效应　　D. 过度敏感

4. 一个公司是否有好的业绩或将来是否有好的业绩，可以通过以下几个方面了解（　　）。

A. 查阅公司的财务报告　　B. 了解公司的管理制度

C. 了解高级管理人员　　D. 了解公司的主导产品或服务

5. 在证券市场上各种证券的风险和收益有四种组合中，（　　）是最理想的选择对象。

A. 高风险低收益　　B. 低风险高收益

C. 高风险高收益　　D. 低风险低收益

二、判断题

1. 证券投资的收益率是指投资收益占投入本金的比率，收益率越高越好，是投资者应该选择的投资对象。（　　）

2. 财力微薄、初涉市场的投资者不能为了获得巨额的收益，积累自己的第一桶金，就选择高风险证券。（　　）

3. 在没有二级市场的情况下，证券的流动性取决于证券的偿还期限，期限越短，流动性越弱。（　　）

4. 过度自信的投资者会过度依赖公司会计报表的信息，注重那些增强自信心的信息而忽视伤害自信的信息。（　　）

5. 分散投资可以消除风险。（　　）

三、简答题

1. 如何防止羊群效应？

2. 如何选择成长股？

四、案例分析

1. 工薪阶层在激烈的投资过程中都希望避免或分散较大的投资风险，并达到较高的预期收益，所以正确选择和运用适宜自身情况的证券投资策略具有很重要的意义。在设计工薪阶层的证券投资策略时，要顾及诸多因素，比如工薪者的收入水平、消费情况、投资理念、生活区域、职业特点、行业前景、年龄阶段、家庭构成、性格类型等等，不一而足。请从工薪阶层的不同生命周期、家庭阶段、风险偏好、收入水平几方面，简单地制定其对应的证券投资策略。

2. 2014 年 3 月以来，乌克兰局势吃紧引发市场担忧，亚洲证券市场黄金价格飙涨，主要股指下跌，欧洲股市也紧接着大幅下跌。对此，股神巴菲特接受CNBC采访时说，股市在战争期间其实是上涨的。他回忆起自己首次买股是在1942年，刚好在珍珠港事件发生之后，当时的宏观形势不好，但二战期间股市其实是涨了而非跌了。他说，如果股市今天下跌他就会买，并称乌克兰局势不会阻止自己购买股票。对此你是否赞同巴菲特的观点？根据你的投资策略，你认为应该怎么做？

【技能训练】6-1

实训项目	投资原则与常见投资方法
实训任务	结合各小组投资成功或失败的经验教训，面向同学介绍应坚持的投资原则和你们小组投资方法的操作
实训目的	锻炼学生综合分析、解决投资问题的能力
条件要求	开通互联网的证券实验室（配有投影仪）
资料准备	第一，教学课件及相关文图资料；第二，向学生提供主要的证券机构网址或者由学生进行搜索获得
考核要求	完成无纸化实训报告，做好PPT汇报材料
实训过程提示	第一，说明本次实训的任务与目标；第二，说明实训报告填写的基本框架；第三，提示学生收集资料的主要途径；第四，对学生进行分组，要求每组指定一名同学以PPT的形式做好上讲台汇报准备；第五，组织、指导学生实训；第六，结合各小组投资实例，请1~2组的同学代表介绍自己组的投资原则和采取的投资方法
实训报告	

【技能训练】6－2

实训项目	克服不良的投资心理
实训任务	结合各小组投资实例，面向同学介绍在投资中的错误投资心理
实训目的	培养学生树立正确的投资心理，提高学生实际投资能力
条件要求	开通互联网的证券实验室（配有投影仪）
资料准备	第一，教学课件及相关文图资料；第二，向学生提供主要的证券机构网址或者由学生进行搜索获得
考核要求	完成无纸化实训报告，做好 PPT 汇报材料
实训过程提示	第一，说明本次实训的任务与目标；第二，说明实训报告填写的基本框架；第三，提示学生收集资料的主要途径；第四，对学生进行分组，要求每组指定一名同学以 PPT 的形式做好上讲台汇报准备；第五，组织、指导学生实训；第六，结合各小组投资实例，请 1～2 组的同学代表介绍自己组是如何不断调整投资心理的
实训报告	

【技能训练】6－3

实训项目	组合投资与投资技巧
实训任务	结合各小组投资实例，面向同学介绍你们是如何进行组合投资与运用投资技巧的
实训目的	锻炼学生的组合投资能力与投资技巧，不断提高投资收益
条件要求	开通互联网的证券实验室（配有投影仪）

续表

资料准备	第一，教学课件及相关文图资料；第二，向学生提供主要的证券机构网址或者由学生进行搜索获得
考核要求	完成无纸化实训报告，做好 PPT 汇报材料
实训过程提示	第一，说明本次实训的任务与目标；第二，说明实训报告填写的基本框架；第三，提示学生收集资料的主要途径；第四，对学生进行分组，要求每组指定一名同学以 PPT 的形式做好上讲台汇报准备；第五，组织、指导学生实训；第六，结合各小组投资实例，请各组的同学代表介绍自己组的投资组合状况和投资技巧，汇报收益或亏损状况，并进行本课程学习总结发言
实训报告	

参考文献

1. 中国证券业协会编:《证券市场基础知识》, 中国财政经济出版社 2009 年版。
2. 中国证券业协会编:《证券投资分析》, 中国财政经济出版社 2009 年版。
3. 中国证券业协会编:《证券交易》, 中国财政经济出版社 2009 年版。
4. 彭明强主编:《证券投资基础》, 中国财政经济出版社 2010 年版。
5. 赵文君主编:《证券投资理论与实务》, 北京邮电大学出版社 2014 年版。
6. 孙可娜主编:《证券投资理论与实务》, 高等教育出版社 2011 年版。
7. 孔令锋编著:《财富人生》, 上海财经大学出版社 2008 年版。
8. 张启富主编:《证券投资概论》, 上海财经大学出版社 2008 年版。
9. 何建、彭明强主编:《证券投资学》, 西南财经大学出版社 2007 年版。
10. 彭明强、王思鹏主编:《证券投资学》, 西南财经大学出版社 2005 年版。
11. 谢百三主编 :《十年一个亿》, 北京大学出版社 2001 年版。
12. 郭小洲、侯本惠主编 :《股市技术分析方法精解》, 经济科学出版社 1993 年版。
13. 许沂光著:《风险投资实用分析技巧》, 中华工商联合出版社 1994 年版。